不动产登记暂行条例注解与配套

第五版

中国法制出版社
CHINA LEGAL PUBLISHING HOUSE

出版说明

中国法制出版社一直致力于出版适合大众需求的法律图书。为了帮助读者准确理解与适用法律，我社于2008年9月推出“法律注解与配套丛书”，深受广大读者的认同与喜爱，此后推出的第二、三、四版也持续热销。为了更好地服务读者，及时反映国家最新立法动态及法律文件的多次清理结果，我社决定推出“法律注解与配套丛书”(第五版)。

本丛书具有以下特点：

1. 由相关领域的具有丰富实践经验和学术素养的法律专业人士撰写适用导引，对相关法律领域作提纲挈领的说明，重点提示立法动态及适用重点、难点。

2. 对于主体法中的重点法条及专业术语进行注解，帮助读者把握立法精神，理解条文含义。

3. 根据司法实践提炼疑难问题，由相关专家运用法律规定及原理进行权威解答。

4. 在主体法律文件之后择要收录与其实施相关的配套规定，便于读者查找、应用。

此外，为了凸显丛书简约、实用的特色，分册根据需要附上实用图表、办事流程等，方便读者查阅使用。

真诚希望本丛书的出版能给您在法律的应用上带来帮助和便利，同时也恳请广大读者对书中存在的不足之处提出批评和建议。

中国法制出版社

2020年11月

适用导引

建立不动产统一登记制度，是经济社会发展的必然要求，是加强和创新社会管理的重要手段，是贯彻落实关于建立不动产统一登记制度的重要举措，是规范不动产登记行为，维护不动产交易安全，保护不动产权利人合法权益的重要保障，也是国际上的通行做法。

随着中国经济社会的快速发展，原有的不动产分散登记体制，已不能适应社会管理和社会经济活动的要求，分散登记产生的直接问题是，资源资产利用效益和社会管理效率低，交易活动不安全，公民和社会组织行使物权权利不方便等。2007 年颁布实施的《物权法》确立了不动产统一登记制度。但是，由于机构体制等原因，不动产统一登记制度未能真正建立，不动产多头管理、职能重叠、重复登记的问题依然存在，不利于权利人合法权益的保护。党中央、国务院对此高度重视，大力推进改革。2013 年 3 月，《国务院机构改革和职能转变方案》明确要求“减少部门职责交叉和分散。最大限度地整合分散在国务院不同部门相同或相似的职责，理顺部门职责关系”，其中就包括整合房屋登记、林地登记、草原登记、土地登记的职责，由一个部门承担。同年 11 月，国务院第 31 次常务会议明确，由原国土资源部负责指导监督全国土地、房屋、草原、林地、海域等不动产统一登记职责，基本做到登记机构、登记簿册、登记依据和信息平台“四统一”。中央编办下发的《关于整合不动产登记职责的通知》，明确了职责整合的路径和方向。建立和实施不动产统一登记制度的目的是按照完善制度、方便群众、统筹兼顾、平稳实施的原则，在基本实现登记机构、登记依据、登记簿册和信息平台“四统一”的基础上，加快形成权界清晰、分工合理、权责一致、运转高效、法治保障的不动产统一登记体系，最终实现各类不动产从分散登记到统一登记的转变，彻底转变政府职能，保障不动产交易安全，保护不动产权利人的合法财产权。

《条例》的基本框架：

《条例》共六章，三十五条。

第一章“总则”，共七条，对《条例》的立法目的及依据、不动产登记及不动产的概念、不动产登记的类型、不动产登记的原则、需要进行登记的不动产权利种类、不动产登记机构以及不动产登记管辖进行了规定。

第二章“不动产登记簿”，共六条，对不动产登记单元及不动产登记簿应当记载的事项、不动产登记簿的介质、不动产登记簿记载要求、不动产登记工作人员要求、不动产登记簿保管要求、不动产登记簿永久保存及移交等进行了规定。

第三章“登记程序”，共九条，对不动产登记申请情形、代理登记和撤回登记申请，登记申请应提交的材料及材料目录、范本公示，不动产登记机构初步审查，登记机构查验，登记机构实地查看和调查等审查职责，登记机构审查期限，完成登记，不予登记的情形等内容进行了规定。

第四章“登记信息共享与保护”，共六条，对不动产登记信息管理基础平台建设、不动产登记信息互通共享、各部门加强有关信息互通共享、工作人员保密义务，登记资料查询、复制，查询主体对登记信息不得随意泄露等内容进行了规定。

第五章“法律责任”，共四条，对不动产登记错误造成损害应承担赔偿责任，不动产登记机构工作人员在不动产登记工作中渎职行为应承担法律责任，伪造、变造不动产权属证书或者证明以及买卖、使用伪造、变造的不动产权属证书或者证明应承担法律责任，泄露不动产登记资料、登记信息或者利用不动产登记资料、登记信息进行不正当活动应承担法律责任等进行了规定。

第六章“附则”，共三条，对以往证书是否有效以及农村土地承包经营权登记过渡期，授权国务院国土资源主管部门会同有关部门制定实施细则，并对《条例》生效日期等进行了规定。

《条例》的主要内容：

（一）关于登记机构。按照《国务院机构改革和职能转变方案》关于整合房屋登记、林地登记、草原登记、土地登记职责的要求，以及中央编办《关于整合不动产登记职责的通知》中明确国土资源部指导监督全国土地登记、房屋登记、林地登记、草原登记、海域登记等不动产登记工作的职责的有关规定，《条例》明确国土资源部负责指导、监督全国不动产登记工作，同时要求县级以上地方人民政府确定一个部门负责本行政区域不动产登记工作，并接受上级不动产登记主管部门的指导和监督。

（二）关于登记簿册。不动产登记簿是物权归属和内容的根据，严格规范登记簿的管理有利于保护不动产权利人的合法权益。《条例》规定，登记机构应当设置统一的登记簿，载明不动产自然状况、权属状况等相关事项，并对登记簿的介质形式、登记机构的保管保存义务等进行明确。同时，为妥善处理好不动产统一登记过程中新证和老证之间的关系，《条例》特别强调，《条例》施行前依法颁发的各类不动产权属证书和制作的登记簿继续有效。

（三）关于登记程序。为贯彻落实党中央、国务院关于简政放权，在服务中实施管理、在管理中实现服务的要求，本着简化程序、方便群众的原则，《条例》规定，一是充分尊重申请人的意愿，允许申请人在特定情形下可以单方提出登记申请，在登记机构登记前还可以自愿撤回登记申请。二是要求登记机构公开申请登记所需材料目录和示范文本等信息，为申请人提供便利。三是规范受理，要求登记机构收到申请材料进行初步审查；申请人可以当场更正错误的，当场受理；登记机构未一次性告知申请人需要补正内容的，视为符合受理条件。四是登记机构能够通过互通共享取得的信息，不得要求申请人重复提交。

（四）关于登记信息共享与保护。统一不动产登记信息平台是不动产统一登记工作的重要内容，为加强登记信息共享与保护，《条例》专设一章作出规定，一是要求国务院国土资源主管部门牵头建立统一的不动产登记信息管理基础平台，各级登记机构的信息要纳入统一基础平台，实现信息实时共享。二是国土资源、公安、民政等有关部门要加强不动产登记有关信息互通共享。三是明确权利人、利害关系人、有关国家机关有权依法查询、复制不动产登记资料。四是对查询获得的不动产登记信息、资料的使用进行规范。

2021 年 1 月 1 日《民法典》施行后，物权法关于不动产登记的内容由民法典吸收，内容上基本保持原貌，仅《民法典》第 219 条内容为新增。

目　　录

不动产登记暂行条例

第一章　总　　则

第二章　不动产登记簿

第三章 登记程序

第四章 登记信息共享与保护

第五章 法律责任

第六章　附　　则

配套法规

不动产登记暂行条例

（2014年11月24日中华人民共和国国务院令第656号公布　根据2019年3月24日《国务院关于修改部分行政法规的决定》修订）

第一章　总　　则

第一条　【立法目的及依据】[*] 为整合不动产登记职责，规范登记行为，方便群众申请登记，保护权利人合法权益，根据《中华人民共和国物权法》等法律，制定本条例。

注解

登记的本质目的是确定不动产的权利归属，并在登记簿上进行记载公示，从而达到保护不动产物权的目的。很多人把不动产登记作为遏制腐败或者限制房价的主要工具。但是，我们应当准确认识到整合不动产登记职责，规范登记行为，方便群众申请登记，保护权利人合法权益，才是不动产登记暂行条例起草的直接目的。虽然随着不动产登记制度的完善，特别是登记信息的准确，可能会对遏制腐败，稳定房价带来一定的影响，但是这些并不是不动产登记的直接目的。

配套

《民法典》第209条

第二条　【不动产登记及不动产的概念】 本条例所称不动产

---

* 条文主旨为编者所加，全书同。

登记，是指不动产登记机构依法将不动产权利归属和其他法定事项记载于不动产登记簿的行为。

本条例所称不动产，是指土地、海域以及房屋、林木等定着物。

注解

不动产一般指不可移动的物或者财产，但是我国法律只有原《担保法》对不动产的含义进行了界定。其第92条规定："本法所称不动产是指土地以及房屋、林木等地上定着物。本法所称动产是指不动产以外的物"。另外，1988年公布的《最高人民法院关于贯彻执行〈中华人民共和国民法通则〉若干问题的意见（试行）》表述为"土地、附着于土地的建筑物及其他定着物、建筑物的固定附属设备为不动产"。

配套

《民法典》第210条、第214条、第216条

第三条　【不动产登记类型】不动产首次登记、变更登记、转移登记、注销登记、更正登记、异议登记、预告登记、查封登记等，适用本条例。

注解

对不动产登记类型的规定，对于确保不动产登记的真实与准确，维护不动产登记簿的公示力与公信力，保护广大民事主体的不动产物权，具有重要的意义。

首先，《不动产登记暂行条例》是原《物权法》的配套规定，旨在贯彻落实原《物权法》和其他法律关于不动产登记的规定。但是，原《物权法》属于不动产登记的实体法，而《条例》是不动产登记的程序法。不动产登记程序法关注的问题是，何种情形下、在符合哪些条件时，不动产登记机构应当按照何种程序、依据何种标准进行登记。不动产登记的类型众多，不同的登记类型，从申请人、申请材料到审核甚至颁发权属证书上都有所不同。因而，《条例》需要对不动产登记类型作出明确规定。

其次，在《不动产登记暂行条例》中对不动产登记类型做出规定，有利于实现国务院要求的不动产登记"四个统一"的目标。按照国务院的规定，

不动产统一登记就是要将分散在多个部门的不动产登记职责整合由一个部门承担，做到登记机构、登记簿册、登记依据和信息平台“四统一”。

配套

《民法典》第220条、第221条；《最高人民法院关于适用〈中华人民共和国民法典〉物权编的解释（一）》第3—5条；《最高人民法院、国土资源部、建设部关于依法规范人民法院执行和国土资源房地产管理部门协助执行若干问题的通知》

第四条　【登记原则】国家实行不动产统一登记制度。

不动产登记遵循严格管理、稳定连续、方便群众的原则。

不动产权利人已经依法享有的不动产权利，不因登记机构和登记程序的改变而受到影响。

注解

本条中稳定连续原则主要体现在以下方面：一是从保障不动产权利的角度出发，要求建立不动产统一登记制度后，不影响权利人行使权利。其中本条第3款“不动产权利人已经依法享有的不动产权利，不因登记机构和登记程序的改变而受到影响”的规定就是稳定连续原则的具体体现。同时，《条例》第33条也规定：“本条例施行前依法颁发的各类不动产权属证书和制作的不动产登记簿继续有效”。这也是稳定连续原则的具体体现。二是从行政管理角度出发，保持行政管理的稳定性。国家建立不动产统一登记制度，整合不动产登记职责，不影响各部门继续行使其权属管理、交易管理等法定职责，仅仅是将不动产登记职责整合到一个部门，通过建立不动产登记信息管理基础平台等方式，加强不动产管理相关信息的交流共享，并不影响各部门固有的其他管理职责。

配套

《民法典》第210条

第五条　【不动产登记权利种类】下列不动产权利，依照本条例的规定办理登记：

（一）集体土地所有权；

（二）房屋等建筑物、构筑物所有权；

（三）森林、林木所有权；

（四）耕地、林地、草地等土地承包经营权；

（五）建设用地使用权；

（六）宅基地使用权；

（七）海域使用权；

（八）地役权；

（九）抵押权；

（十）法律规定需要登记的其他不动产权利。

注解

《不动产登记暂行条例》第5条以列举的方式明确了需要登记不动产的权利种类。

（1）所有权登记

按照《民法典》规定，所有权包括国家所有权、集体所有权和私人所有权。

关于国家所有权，根据《民法典》规定，依法属于国家所有的自然资源，所有权可以不登记。因此，国家所有的土地、森林、林木、林地、草原、海域、无居民海岛所有权可以不进行登记。但是，《森林法》明确规定，林地和林地上的森林、林木的所有权、使用权，由不动产登记机构统一登记造册，核发证书。国务院确定的国家重点林区的森林、林木和林地，由国务院自然资源主管部门负责登记。因此，国家所有的森林和林木的所有权需要进行登记。

集体所有权包括集体土地所有权（包括集体所有的荒山、荒沟、荒丘、荒滩），集体森林、林木和林地所有权，集体草原所有权。因此，需要登记的权利应当包括集体土地所有权以及集体森林、林木所有权。

个人所有权包括房屋所有权以及个人林木所有权。

《不动产登记暂行条例》第5条第1项至第3项所列的即需要登记的所有权包括：集体土地所有权；房屋等建筑物、构筑物所有权；森林、林木所有权。

(2) 用益物权登记

根据《民法典》及相关法律法规规定，需要登记的用益物权即《条例》第5条第4项至第8项所列权利，包括：耕地、林地、草地等土地承包经营权；建设用地使用权；宅基地使用权；海域使用权；地役权。

(3) 担保物权登记

由于质权和留置权只是适用于动产，不适用于不动产，因此需要登记的只有抵押权。由于有的不动产权利可以抵押，有的不能抵押，再加上种类繁多，因此可以笼统地规定为抵押权。《条例》第9项作出了规定。

(4) 其他需要登记的不动产权利

《条例》第10项规定"法律规定需要登记的其他不动产权利"主要是为了与未来建立自然资源统一登记进行衔接。

配套

《民法典》第262条、第333条、第335条；《宪法》第10条第2款；《土地管理法》第4条第2款、第3款，第9条第2款；《农村土地承包法》第23条、第35条；《海域使用管理法》第32条；《国土资源部、中央农村工作领导小组办公室、财政部、农业部关于农村集体土地确权登记发证的若干意见》第4条第6款；《国土资源部、财政部、住房和城乡建设部等关于进一步加快推进宅基地和集体建设用地使用权确权登记发证工作的通知》；《国土资源部办公厅、住房城乡建设部办公厅关于坚决遏制违法建设、销售"小产权房"的紧急通知》；《国家土地管理局关于印发〈确定土地所有权和使用权的若干规定〉的通知》

第六条　【不动产登记机构】国务院国土资源主管部门负责指导、监督全国不动产登记工作。

县级以上地方人民政府应当确定一个部门为本行政区域的不动产登记机构，负责不动产登记工作，并接受上级人民政府不动产登记主管部门的指导、监督。

注解

国务院国土资源主管部门是不动产登记的主管机构。本条第1款确认了国务院国土资源主管部门负责指导、监督全国不动产登记工作，这是《条例》对国务院机构改革成果的确认，是对《中央编办关于整合不动产登记职责的通知》的具体贯彻。土地是最重要、最基础的不动产，房屋等不动产依附于土地，不能脱离土地而独立存在。以土地为主进行登记，可以包容其他的不动产的登记，而以房屋等为主进行登记，则无法包容无建筑物的土地的登记，如城市空地、道路、公园等。另外，附着于土地的房屋、林木等经常因灭失、砍伐等原因发生变动，仅有土地是相对永恒不变的，以土地为主统一不动产登记有利于保持登记的持续性和长久性。因此，由国土资源管理部门负责全国不动产统一登记工作是合理的。

配套

《农村土地承包法》第 24 条；《草原法》第 11 条；《渔业法》第 11 条；《渔业法实施细则》第 10 条；《城市房地产管理法》第 61 条；《土地管理法》第 12 条；《森林法》第 14 条；《海域使用管理法》第 7 条

第七条　【登记管辖】不动产登记由不动产所在地的县级人民政府不动产登记机构办理；直辖市、设区的市人民政府可以确定本级不动产登记机构统一办理所属各区的不动产登记。

跨县级行政区域的不动产登记，由所跨县级行政区域的不动产登记机构分别办理。不能分别办理的，由所跨县级行政区域的不动产登记机构协商办理；协商不成的，由共同的上一级人民政府不动产登记主管部门指定办理。

国务院确定的重点国有林区的森林、林木和林地，国务院批准项目用海、用岛，中央国家机关使用的国有土地等不动产登记，由国务院国土资源主管部门会同有关部门规定。

注解

所谓属地登记原则就是不动产登记应当由不动产所在地的登记机构办理，即《民法典》第 210 条所规定的“不动产登记，由不动产所在地的登记机构办理”。属地登记是不动产登记的基本原则，是由不动产的不能移动的本质属性所决定的。不论土地，还是房屋以及其他不动产都应该实行属地登记原则。因此本条第1款明确规定“不动产登记由不动产所在地的县级人民政府不动产登记机构办理”。

不动产登记应当遵循属地登记原则，但也会存在一些例外情况。按照《中央编办关于整合不动产登记职责的通知》的要求，“国土资源部会同林业局负责国务院确定的重点国有林区森林、林木、林地的登记发证；会同海洋局负责国务院批准项目用海、用岛的海域使用权和无居民海岛使用权的登记发证等”。为此，本条第3款规定：“国务院确定的重点国有林区的森林、林木和林地，国务院批准项目用海、用岛，中央国家机关使用的国有土地等不动产登记，由国务院国土资源主管部门会同有关部门规定”。

配套

《民法典》第210条；《土地管理法实施条例》第5条；《森林法实施条例》第4条第1项

第二章　不动产登记簿

第八条　【不动产登记簿】 不动产以不动产单元为基本单位进行登记。不动产单元具有唯一编码。

不动产登记机构应当按照国务院国土资源主管部门的规定设立统一的不动产登记簿。

不动产登记簿应当记载以下事项：

（一）不动产的坐落、界址、空间界限、面积、用途等自然状况；

（二）不动产权利的主体、类型、内容、来源、期限、权利变化等权属状况；

（三）涉及不动产权利限制、提示的事项；

（四）其他相关事项。

注解

不动产登记应当以不动产单元为基本单位进行登记。不动产单元是指权属界线封闭且具有独立使用价值的空间。独立使用价值的空间应当足以实现相应的用途，并可以独立利用。

1. 没有房屋等建筑物、构筑物以及森林、林木定着物的，以土地、海域权属界线封闭的空间为不动产单元。

2. 有房屋等建筑物以及森林、林木定着物的，以该房屋等建筑物以及森林、林木定着物与土地、海域权属界线封闭的空间为不动产单元。

3. 有地下车库、商铺等具有独立使用价值的特定空间或者码头、油库、隧道、桥梁等构筑物的，以该特定空间或者构筑物与土地、海域权属界线封闭的空间为不动产单元。

不动产单元应当按照《不动产单元设定与代码编制规则》（试行）的规定进行设定与编码。不动产登记机构（国土资源主管部门）负责本辖区范围内的不动产单元代码编制、变更与管理工作，确保不动产单元编码的唯一性。

本条第3款规定了不动产登记簿的主要记载事项：一是不动产的自然状况。坐落是指宗地所在地的名称；界址主要是通过地籍编号和图号体现；面积是指宗地的大小；用途是指土地的使用类型，具体包括水田、果园、天然牧草地、住宿餐饮用地等，按照《土地利用现状分类》的规定予以记载，对于房屋而言，还包括房屋的楼层等信息。二是不动产的权属状况。权利人是指土地使用权人或所有权人；类型是指集体土地所有权、国有建设用地使用权等类型；内容是指房屋容积率等限制内容；来源是指继承、转让、赠与等权利取得土地权利的方式；期限是指土地使用权的期限；权利变化情况是指不动产权利的转移、延续、注销等情况。三是不动产限制提示事项。这主要是针对异议登记、预告登记、查封登记等登记类型而规定的。在异议登记的情况下，登记簿记载的是他人对登记簿记载提出异议这一客观事实；在预告登记的情况下，登记簿记载的是他人享有将来发生物权变动请求权这一事实；在查封登记的情况下，登记簿记载的是司法机关查封的事实。上述情况下都未发生权属的实际变动，记载只是一种风险的提示和权利的限制。

应用

1. 不动产登记簿有哪些法律效力?

一般认为不动产登记簿具有以下两个方面的效力：

(1) 推定力。根据《民法典》的规定，不动产登记簿是不动产权利归属和权利内容的根据，即不动产登记簿上记载某人享有某项物权时，推定该人享有该项权利，其权利的内容也以不动产登记簿上的记载为准。实践中，虽然登记簿记载的权利状况与实际情况可能存在不相符的情况，但是在没有经过异议登记、更正登记等法定登记程序前，法律依然推定登记簿记载的权利人为真正的权利人。这一方面是由于不动产权利的登记需要经过登记机关的审查，一般情况下记载状况与真实权利状况基本一致，具有较高的可信度；另一方面，赋予登记簿推定力，也有利于降低交易信息审查成本，提高交易的效率。同时，登记簿的推定力还体现在，当登记权利人的权利受到侵犯时，权利人可以以不动产登记簿作为要求法律救济的依据；当登记权利人与他人发生财产权争执时，不动产登记簿可以作为权利人的权利证明文件。

(2) 公信力。这是指即便不动产登记簿上记载的物权归属、内容与真实的物权归属、内容不一致，信赖登记簿上记载之人仍可如同登记簿记载正确时那样，以法律行为取得相应的不动产物权。《民法典》规定了不动产的善意取得制度，其第311条规定："无处分权人将不动产或者动产转让给受让人的，所有权人有权追回；除法律另有规定外，符合下列情形的，受让人取得该不动产或者动产的所有权：(一) 受让人受让该不动产或者动产时是善意；(二) 以合理的价格转让；(三) 转让的不动产或者动产依照法律规定应当登记的已经登记，不需要登记的已经交付给受让人。受让人依据前款规定取得不动产或者动产的所有权的，原所有权人有权向无处分权人请求损害赔偿。当事人善意取得其他物权的，参照适用前两款规定。"因此，即使不动产登记簿记载错误，由于登记簿具有公信力，善意第三人的利益依然受法律保护。

2. 什么是不动产权籍调查?

不动产登记申请前，需要进行不动产权籍调查的，应当依据不动产权籍调查相关技术规定开展不动产权籍调查。不动产权籍调查包括不动产权属调查和不动产测量。

(1) 申请人申请不动产首次登记前，应当以宗地、宗海为基础，以不动产单元为基本单位，开展不动产权籍调查。其中，政府组织开展的集体土地所有权、宅基地使用权、集体建设用地使用权、土地承包经营权的首次登记所需的不动产权籍调查成果，由人民政府有关部门组织获取。

(2) 申请人申请不动产变更、转移等登记，不动产界址未发生变化的，可以沿用原不动产权籍调查成果；不动产界址发生变化，或界址无变化但未进行过权籍调查或无法提供不动产权籍调查成果的，应当补充或重新开展不动产权籍调查。

（3）前期行业管理中已经产生或部分产生，并经行业主管部门或其授权机构确认的，符合不动产登记要求的不动产权籍调查成果，可继续沿用。

不动产登记机构（国土资源主管部门）应当加强不动产权籍调查成果确认工作，结合日常登记实时更新权籍调查数据库，确保不动产权籍调查数据的现势、有效和安全。

配套

《最高人民法院关于适用〈中华人民共和国民法典〉物权编的解释（一）》第2条、第15条；《不动产登记暂行条例实施细则》第5、6条；《国土资源部办公厅关于规范不动产权籍调查有关工作的通知》

第九条　【不动产登记簿的介质】不动产登记簿应当采用电子介质，暂不具备条件的，可以采用纸质介质。不动产登记机构应当明确不动产登记簿唯一、合法的介质形式。

不动产登记簿采用电子介质的，应当定期进行异地备份，并具有唯一、确定的纸质转化形式。

注解

不动产登记簿应当采取电子介质，并具有唯一、确定的纸质转化形式。暂不具备条件的，可以采用纸质介质。

不动产登记机构应当配备专门的不动产登记电子存储设施，采取信息网络安全防护措施，保证电子数据安全，并定期进行异地备份。

虽然电子登记簿使用较为便利，易于保存和传输，极大地提高了登记效率，但是受网络上诸多不安全因素影响的可能性比较大，为了避免因系统故障、自然灾害等导致登记资料的遗失破坏，《条例》规定应当定期进行异地备份。电子登记簿应当有唯一、确定的纸介质转化形式，简单来说，就是其中的信息能够以唯一确定的格式以纸质的形式打印出来，以便管理保存或者查询需要。

配套

《不动产登记暂行条例实施细则》第7条

第十条　【不动产登记要求】不动产登记机构应当依法将各类登记事项准确、完整、清晰地记载于不动产登记簿。任何人不得损毁不动产登记簿，除依法予以更正外不得修改登记事项。

注解

根据《民法典》第216条第1款的规定，不动产登记簿是物权归属和内容的根据。在建立不动产登记制度的情况下，不动产登记成为物权制度的基础。不动产登记簿所记载的权利的正确性推定效力对客观、公正的不动产交易秩序的建立有着极为重要的意义。

可以修改登记事项的唯一例外是依法进行更正登记。更正登记有两种方式：一种是经权利人（包括登记上的权利人和事实上的权利人）以及利害关系人申请的登记；另一种是登记机关自己发现错误后做出的更正登记。

应用

3. 不动产登记簿的记载要求有哪些?

根据《民法典》第216条第1款的规定，不动产登记簿是物权归属和内容的根据。即在不动产登记簿上记载某人享有某项物权时，推定该人享有该项权利，其权利的内容也以不动产登记簿上的记载为准。正因为不动产登记簿的重要作用，对其记载需符合一定的要求。

“各类登记事项”指的就是本条例第8条第3款所规定的不动产登记簿应当记载的事项。“准确”要求记载的各类登记事项应与真实状况保持一致；“完整”要求毫无遗漏地将应当记载的各类登记事项记载于不动产登记簿上，包括各种自然状况、权属状况和其他事项；“清晰”要求在不动产登记簿上能够清楚明晰地看到所记载的各类登记事项。

第十一条　【不动产登记人员】不动产登记工作人员应当具备与不动产登记工作相适应的专业知识和业务能力。

不动产登记机构应当加强对不动产登记工作人员的管理和专业技术培训。

注解

不动产登记人员是指直接从事不动产权属审核和登记审查的工作人员。由于不动产登记是非常专业的活动且涉及的是不动产权利，价值巨大，为了确保登记结果的真实性与准确性，有效地维护不动产交易的安全与效率，各国都对不动产登记机构工作人员有很高的要求。因此，《条例》对登记人员提出了要求，一方面要求从事登记的人员应当具备相应的专业知识和业务能力，保障登记人员具备开展不动产登记的基本业务素质；另一方面也强调登记机构对登记人员的后续培训教育，保证登记人员能够适应不断发展的不动产产权登记管理的需求。

配套

《不动产登记暂行条例实施细则》第8条

第十二条　【不动产登记簿的保管】不动产登记机构应当指定专人负责不动产登记簿的保管，并建立健全相应的安全责任制度。

采用纸质介质不动产登记簿的，应当配备必要的防盗、防火、防渍、防有害生物等安全保护设施。

采用电子介质不动产登记簿的，应当配备专门的存储设施，并采取信息网络安全防护措施。

注解

对于采用电子介质不动产登记簿的保存，由于电子登记簿比纸质登记簿存在更多的安全和隐私保护等问题，需要对其配备专门的存储设施，并采取信息网络安全防护措施，具体来说应包括以下几个方面：第一，保证电子登记簿的安全。电子介质的登记簿因需要接入互联网，所以既容易被感染病毒，也容易遭受黑客攻击。因此，采取电子介质登记簿的登记机构必须对电子登记簿配备充分的电子安全防护措施，如安装杀毒软件、防火墙、将内网与外网分开等。同时，这些登记机构应当每天对登记簿的数据进行异地备份并且异地保存。对于异地备份保存的数据，同样应采取充足的信息网络安全防护措施。第二，严格管理电子登记簿。为了防止电子介质的不动产登记簿被篡改，必须建立严格的规范，以确保对电子介质登记簿的数据之录入、存储、输出、运输进行严格有效的管理。例如，电子登记簿应当设置相应的加密程序，只有依其权限获得相应密码授权的人才能进入电子登记簿的信息系统进行相应的操作。第三，严格规范和控制电子签章。在纸质登记簿上可以直接由登记机构的相关人员进行签名并加盖印章，但是实行电子登记簿则需要采用电子签名，这方面的安全问题也需要严格规范和控制。

配套

《民法典》第216条第2款

第十三条　【不动产登记簿的保存和移交】不动产登记簿由不动产登记机构永久保存。不动产登记簿损毁、灭失的，不动产登记机构应当依据原有登记资料予以重建。

行政区域变更或者不动产登记机构职能调整的，应当及时将不动产登记簿移交相应的不动产登记机构。

注解

对于“重建”的含义，通说认为包括不动产登记簿的重造与补造。所谓不动产登记簿的重造，是指不动产登记簿损坏或原有格式更新时，登记机关将原有登记簿上所记载的内容登录到新的登记簿上的行为。而不动产登记簿的补造是指登记簿因某种原因导致其毁损或灭失时，登记机关依照不动产其他资料（主要是档案资料）进行补充登记的行为。

不动产登记遵循属地登记原则，不动产在哪个行政区域，自然由该行政区域的不动产登记机构负责登记，不动产登记簿也相应由其负责管理、保存。所以，当行政区域变更或者不动产登记机构职能调整时，应当及时将不动产登记簿移交相应的不动产登记机构。

配套

《国土资源部办公厅关于做好灾后地籍档案恢复和土地登记工作的通知》第2条

第三章　登记程序

第十四条　【登记申请】因买卖、设定抵押权等申请不动产登记的，应当由当事人双方共同申请。

属于下列情形之一的，可以由当事人单方申请：

（一）尚未登记的不动产首次申请登记的；

（二）继承、接受遗赠取得不动产权利的；

（三）人民法院、仲裁委员会生效的法律文书或者人民政府生效的决定等设立、变更、转让、消灭不动产权利的；

（四）权利人姓名、名称或者自然状况发生变化，申请变更登记的；

（五）不动产灭失或者权利人放弃不动产权利，申请注销登记的；

（六）申请更正登记或者异议登记的；

（七）法律、行政法规规定可以由当事人单方申请的其他情形。

注解

本条规定了依申请登记的原则，无论是单方申请还是双方申请，都应当依据当事人的申请启动登记程序。但是，依申请登记原则也存在例外情况，对于法律法规另有规定的可以依职权进行登记的情形，登记机构可以在当事人未申请的情况下进行登记。主要包括查封登记、可依职权进行的注销登记、因已登记的不动产所在地的名称发生变化进行的变更登记。

本条第1款明确了不动产登记以共同申请为原则。共同申请是不动产登记申请的一般方式，主要适用于因法律行为而产生物权变动的情形，如房屋买卖、交换、赠与、抵押等，这些行为都属于民事法律行为中的双方法律行为，需要双方意思表示一致才能成立。为了查清登记事实，减少登记错误，提高登记结果的准确性和权威性，降低因登记错误而产生的赔偿风险，不动产登记应该由双方当事人共同向登记机关申请。共同申请是不动产登记申请的一般方式，也是我国登记实务所采用的通常做法，单方申请只是例外。其中涉及第三人的，还应该征得第三人的意见。

应用

4. 如何处理继承、受遗赠的不动产登记?

因继承、受遗赠取得不动产申请登记的，申请人提交经公证的材料或者生效的法律文书的，按《条例》《实施细则》的相关规定办理登记。申请人不提交经公证的材料或者生效的法律文书，可以按照下列程序办理：

申请人提交的申请材料包括：

(1) 所有继承人或受遗赠人的身份证、户口簿或其他身份证明；

(2) 被继承人或遗赠人的死亡证明，包括医疗机构出具的死亡证明；公安机关出具的死亡证明或者注明了死亡日期的注销户口证明；人民法院宣告死亡的判决书；其他能够证明被继承人或遗赠人死亡的材料等；

(3) 所有继承人或受遗赠人与被继承人或遗赠人之间的亲属关系证明，包括户口簿、婚姻证明、收养证明、出生医学证明，公安机关以及村委会、居委会、被继承人或遗赠人单位出具的证明材料，其他能够证明相关亲属关系的材料等；

(4) 放弃继承的，应当在不动产登记机构办公场所，在不动产登记机构人员的见证下，签署放弃继承权的声明；

(5) 继承人已死亡的，代位继承人或转继承人可参照上述材料提供；

(6) 被继承人或遗赠人享有不动产权利的材料；

(7) 被继承人或遗赠人生前有遗嘱或者遗赠扶养协议的，提交其全部遗嘱或者遗赠扶养协议；

(8) 被继承人或遗赠人生前与配偶有夫妻财产约定的，提交书面约定协议。

不动产登记机构应重点查验当事人的身份是否属实、当事人与被继承人或遗赠人的亲属关系是否属实、被继承人或遗赠人有无其他继承人、被继承人或遗赠人和已经死亡的继承人或受遗赠人的死亡事实是否属实、被继承人或遗赠人生前有无遗嘱或者遗赠扶养协议、申请继承的遗产是否属于被继承人或遗赠人个人所有等，并要求申请人签署继承（受遗赠）不动产登记具结书。不动产登记机构可以就继承人或受遗赠人是否齐全、是否愿意接受或放弃继承、就不动产继承协议或遗嘱内容及真实性是否有异议、所提交的资料是否真实等内容进行询问，并做好记录，由全部相关人员签字确认。

经查验或询问，符合《不动产登记操作规范》第3.5.1规定的受理条件的，不动产登记机构应当予以受理。

受理后，不动产登记机构应按照《不动产登记操作规范》第4章的审核规则进行审核。认为需要进一步核实情况的，可以发函给出具证明材料的单位、被继承人或遗赠人原所在单位或居住地的村委会、居委会核实相关情况。

对拟登记的不动产登记事项在不动产登记机构门户网站进行公示，公示期不少于15个工作日。公示期满无异议的，将申请登记事项记载于不动产登记簿。

5. 一并申请的情形有哪些?

符合以下情形之一的，申请人可以一并申请。申请人一并申请的，不动产登记机构应当一并受理，就不同的登记事项依次分别记载于不动产登记簿的相应簿页。

(1) 预购商品房预告登记与预购商品房抵押预告登记;

(2) 预购商品房预告登记转房屋所有权登记与预购商品房抵押预告登记转抵押权登记;

(3) 建筑物所有权首次登记与在建建筑物抵押权登记转建筑物抵押权登记;

(4) 不动产变更登记导致抵押权变更的，不动产变更登记与抵押权变更登记;

(5) 不动产变更、转移登记致使地役权变更、转移的，不动产变更登记、转移登记与地役权变更、转移登记;

(6) 不动产坐落位置等自然状况发生变化的，可以与前述情形发生后申请办理的登记一并办理;

(7)《不动产登记操作规范》规定以及不动产登记机构认为可以合并办理的其他情形。

已办理首次登记的不动产，申请人因继承、受遗赠，或者人民法院、仲裁委员会的生效法律文书取得该不动产但尚未办理转移登记，又因继承、受遗赠，或者人民法院、仲裁委员会的生效法律文书导致不动产权利转移的，不动产登记机构办理后续登记时，应当将之前转移登记的事实在不动产登记簿的附记栏中记载。

6. 异议登记需要提交的申请材料包括哪些?

申请异议登记需提交下列材料:

(1) 不动产登记申请书;

(2) 申请人身份证明;

(3) 证实对登记的不动产权利有利害关系的材料；

(4) 证实不动产登记簿记载的事项错误的材料；

(5) 法律、行政法规以及《实施细则》规定的其他材料。

7. 异议登记的审查要点有哪些?

不动产登记机构在审核过程中应注意以下要点：

(1) 利害关系材料是否能够证实申请人与被异议的不动产权利有利害关系；

(2) 异议登记事项的内容是否已经记载于不动产登记簿；

(3) 同一申请人是否就同一异议事项提出过异议登记申请；

(4) 不动产被查封、抵押或设有地役权的，不影响该不动产的异议登记；

(5)《不动产登记操作规范》第4章要求的其他审查事项。

不存在《不动产登记操作规范》第4.8.2条不予登记情形的，不动产登记机构应即时办理。在记载不动产登记簿后，向申请人核发不动产登记证明。

8. 更正登记需要提交的申请材料包括哪些?

申请更正登记提交的材料包括：

(1) 不动产登记申请书；

(2) 申请人身份证明；

(3) 证实不动产登记簿记载事项错误的材料，但不动产登记机构书面通知相关权利人申请更正登记的除外；

(4) 申请人为不动产权利人的，提交不动产权属证书；申请人为利害关系人的，证实与不动产登记簿记载的不动产权利存在利害关系的材料；

(5) 法律、行政法规以及《实施细则》规定的其他材料。

9. 更正登记的审查要点有哪些?

不动产登记机构在审核过程中应注意以下要点：

(1) 申请人是否是不动产的权利人或利害关系人；利害关系人申请更正的，利害关系材料是否能够证实申请人与被更正的不动产有利害关系；

(2) 申请更正的登记事项是否已在不动产登记簿记载；错误登记之后是否已经办理了该不动产转移登记，或者办理了抵押权或地役权首次登记、预告登记和查封登记且未注销的；

(3) 权利人同意更正的，在权利人出具的书面材料中，是否已明确同意更正的意思表示，并且申请人是否提交了证明不动产登记簿确有错误的证明材料；更正事项由人民法院、仲裁委员会法律文书等确认的，法律文书等材料是否已明确不动产权利归属，是否已经发生法律效力；

(4)《不动产登记操作规范》第4章要求的其他审查事项。

不存在《不动产登记操作规范》第4.8.2条不予登记情形的，将更正事项记载不动产登记簿，涉及不动产权属证书或者不动产登记证明记载内容的，向权利人换发不动产权属证书或者不动产登记证明。

10. 哪些情形当事人可申请注销预告登记?

(1) 买卖不动产物权的协议被认定无效、被撤销、被解除等导致债权消灭的；

(2) 预告登记的权利人放弃预告登记的；

(3) 法律、行政法规规定的其他情形。

11. 登记的一般程序有哪些?

(1) 依申请登记程序

依申请的不动产登记应当按下列程序进行：

申请；受理；审核；登簿。

不动产登记机构完成登记后，应当依据法律、行政法规规定向申请人发放不动产权属证书或者不动产登记证明。

(2) 依嘱托登记程序

依据人民法院、人民检察院等国家有权机关出具的相关嘱托文件办理不动产登记的，按下列程序进行：

嘱托；接受嘱托；审核；登簿。

(3) 依职权登记程序

不动产登记机构依职权办理不动产登记事项的，按下列程序进行：

启动；审核；登簿。

配 套

《民法典》第232条；《不动产登记暂行条例实施细则》第14－16条；《不动产登记操作规范》

第十五条　【现场申请和登记申请撤回】当事人或者其代理人应当向不动产登记机构申请不动产登记。

不动产登记机构将申请登记事项记载于不动产登记簿前，申请人可以撤回登记申请。

注解

申请人应当采用书面形式撤回申请，撤回申请的书面材料中需要明确表示撤回申请的意思，但无需陈述撤回申请的理由。在共同申请的情形下，应当由申请登记的当事人双方共同向登记机构出具撤回申请请求书；在代理申请的情形下，应当由代理人向登记机构出具申请人撤回申请的授权文书。如果撤回申请的表示不符合上述形式要求，登记机构仍然可以按照法定程序完成登记。

应用

12. 如何撤回申请?

申请登记事项在记载于不动产登记簿之前，全体登记申请人可共同申请撤回登记申请；部分登记申请人申请撤回登记申请的，不动产登记机构不予受理。

申请人申请撤回登记申请，应当向不动产登记机构提交下列材料：

1. 不动产登记申请书；

2. 申请人身份证明；

3. 原登记申请受理凭证。

不动产登记机构应当在收到撤回申请时查阅不动产登记簿，当事人申请撤回的登记事项已经在不动产登记簿记载的，不予撤回；未在不动产登记簿上记载的，应当准予撤回，原登记申请材料在作出准予撤回的3个工作日内通知当事人取回申请材料。

配套

《不动产登记暂行条例实施细则》第13条

第十六条　【申请材料】申请人应当提交下列材料，并对申请材料的真实性负责：

（一）登记申请书；

（二）申请人、代理人身份证明材料、授权委托书；

（三）相关的不动产权属来源证明材料、登记原因证明文件、不动产权属证书；

（四）不动产界址、空间界限、面积等材料；

（五）与他人利害关系的说明材料；

（六）法律、行政法规以及本条例实施细则规定的其他材料。

不动产登记机构应当在办公场所和门户网站公开申请登记所需材料目录和示范文本等信息。

注解

本条明确了我国不动产登记在登记材料的提交上实行自我举证制度，是汇集原《物权法》等对申请材料虚假责任的规定作出的，是对《条例》颁布前的做法的沿袭，有利于保持登记工作的延续性。

申请人申请不动产登记，应当如实、准确填写不动产登记机构制定的不动产登记申请书。申请人为自然人的，申请人应当在不动产登记申请书上签字；申请人为法人或其他组织的，申请人应当在不动产登记申请书上盖章。自然人委托他人申请不动产登记的，代理人应在不动产登记申请书上签字；法人或其他组织委托他人申请不动产登记的，代理人应在不动产登记申请书上签字，并加盖法人或其他组织的公章。

共有的不动产，申请人应当在不动产登记申请书中注明共有性质。按份共有不动产的，应明确相应具体份额，共有份额宜采取分数或百分数表示。

申请不动产登记的，申请人或者其代理人应当向不动产登记机构提供有效的联系方式。申请人或者其代理人的联系方式发生变动的，应当书面告知不动产登记机构。

应用

13. 本《条例》对申请登记提交材料的要求中提到的“其他材料”是否需要公示?

其他必要材料主要包括两类：一类是其他有关的法律法规规定，例如房屋转移登记，根据《契税法》要求应当先税后证，当事人须先提交契税完税凭证才能办理登记。另一类是地方针对本地实际提出的明确的材料要求。不同地方由于具体情况不同，需提交的其他必要材料也不相同。正是各登记机构结合本地实际情况规定需要提交的材料不同，使当事人申请登记时提交的材料没有统一的标准，在一定程度上造成了登记申请人的不便，因此对这部分材料的目录和示范文本更应该进行公示，否则就会使公示的便民性名存实亡。因此，“其他材料”也应当纳入登记申请人应提交的材料在材料目录和示范文本中一并公示。

14. 申请材料应符合什么格式?

申请材料应当提供原件。因特殊情况不能提供原件的，可以提交该材料的出具机构或职权继受机构确认与原件一致的复印件。

不动产登记机构留存复印件的，应经不动产登记机构工作人员比对后，由不动产登记机构工作人员签字并加盖原件相符章。

申请材料形式应当为纸质介质，申请书纸张和尺寸宜符合下列规定：

（1）采用韧性大、耐久性强、可长期保存的纸质介质；

（2）幅面尺寸为国际标准 297mm×210mm（A4 纸）。

填写申请材料应使用黑色钢笔或签字笔，不得使用圆珠笔、铅笔。因申请人填写错误确需涂改的，需由申请人在涂改处签字（或盖章）确认。

申请材料所使用文字应符合下列规定：

（1）申请材料应使用汉字文本。少数民族自治区域内，可选用本民族或本自治区域内通用文字。

（2）少数民族文字文本的申请材料在非少数民族聚居或者多民族共同居住地区使用，应同时附汉字文本。

（3）外文文本的申请材料应当翻译成汉字译本，当事人应签字确认，并对汉字译本的真实性负责。

配 套

《民法典》第 211 条、第 222 条；《林木和林地权属登记管理办法》第 5 条；《水域滩涂养殖发证登记办法》第 5 条；《土地增值税暂行条例》第 12 条；《契税法》第 11 条

第十七条　【受理】不动产登记机构收到不动产登记申请材料，应当分别按照下列情况办理：

（一）属于登记职责范围，申请材料齐全、符合法定形式，

或者申请人按照要求提交全部补正申请材料的，应当受理并书面告知申请人；

（二）申请材料存在可以当场更正的错误的，应当告知申请人当场更正，申请人当场更正后，应当受理并书面告知申请人；

（三）申请材料不齐全或者不符合法定形式的，应当当场书面告知申请人不予受理并一次性告知需要补正的全部内容；

（四）申请登记的不动产不属于本机构登记范围的，应当当场书面告知申请人不予受理并告知申请人向有登记权的机构申请。

不动产登记机构未当场书面告知申请人不予受理的，视为受理。

注解

受理是指不动产登记机构依法查验申请主体、申请材料，询问登记事项、录入相关信息、出具受理结果等工作的过程。

登记申请人提交登记材料后，不动产登记机构需对登记申请进行审查，确定是否受理申请人提出的不动产登记申请。在这一环节中，登记人员需要对申请材料进行形式上的审查，包括申请登记事项是否属于本登记机构职责范围、材料是否齐全、是否符合法定形式，对明显不符合登记条件的申请，要么不予受理，要么作出其他补正要求。通过这一程序，登记机构可以提前将那些明显不合法的登记申请排除，大大减少其后的审查环节的工作量。

应用

15. 不动产登记机构受理的条件有哪些？

经查验或询问，符合下列条件的，不动产登记机构应当予以受理：

（1）申请登记事项在本不动产登记机构的登记职责范围内；

（2）申请材料形式符合要求；

（3）申请人与依法应当提交的申请材料记载的主体一致；

（4）申请登记的不动产权利与登记原因文件记载的不动产权利一致；

（5）申请内容与询问记录不冲突；

(6) 法律、行政法规等规定的其他条件。

不动产登记机构对不符合受理条件的，应当当场书面告知不予受理的理由，并将申请材料退回申请人。

不动产登记机构予以受理的，应当即时制作受理凭证，并交予申请人作为领取不动产权属证书或不动产登记证明的凭据。受理凭证上记载的日期为登记申请受理日。

不符合受理条件的，不动产登记机构应当当场向申请人出具不予受理告知书。告知书一式二份，一份交申请人，一份由不动产登记机构留存。

第十八条　【查验】不动产登记机构受理不动产登记申请的，应当按照下列要求进行查验：

（一）不动产界址、空间界限、面积等材料与申请登记的不动产状况是否一致；

（二）有关证明材料、文件与申请登记的内容是否一致；

（三）登记申请是否违反法律、行政法规规定。

注解

不动产登记机构受理不动产登记申请应当查验的内容。

一是不动产界址、空间界限、面积等材料与申请登记的不动产状况是否一致。判断不动产界址、空间界限、面积等材料与申请登记的不动产状况是否一致，通常可以通过审查测绘报告来进行。在不能单凭测绘报告等书面文件判断的情况下，登记机构工作人员认为有必要时可以实地查看，如房屋所有权首次登记的情况等，在本《条例》第19条有所规定。

二是权属来源证明材料和有关证明文件与申请登记的内容是否一致。权属来源证明材料包括不动产权属证书和登记证明等能够证明申请人不动产物权来源的证明材料。首先，登记机构要审查属于权属来源证明材料的不动产权属证书和登记证明的真实性。权属证书和登记证明是由登记机构发放的，且具有一定的防伪功能，登记机构有能力也应当识别权属证书和登记证明是否真实。其次，登记机构的工作人员要就权属来源证明材料和有关证明文件与申请登记的内容的一致性进行检验，通过与登记申请书等材料的比对，至少保证这些材料在表面上内容是一致的。

三是登记申请是否违反法律、行政法规的规定。如果申请登记事项违反的是地方性法规和部门规章或者有关文件的规定，则不一定不予登记，而需要进行进一步的审查才能判断。这一审查要求对登记机构登记人员的业务水平提出了较高要求，需要登记人员熟知相关的法律法规才能完成。

应用

16. 如何查验身份证明?

申请人与其提交的身份证明指向的主体是否一致：

(1) 通过身份证识别器查验身份证是否真实；

(2) 护照、港澳通行证、台湾居民来往大陆通行证等其他身份证明类型是否符合要求；

(3) 非自然人申请材料上的名称、印章是否与身份证明材料上的名称、印章一致。

17. 查验申请材料形式应注意什么?

不动产登记机构应当查验申请人的身份证明材料规格是否符合《不动产登记操作规范》第1.7节的要求。

自然人处分不动产，委托代理人代为申请登记，其授权委托书未经公证的，不动产登记机构工作人员应当按下列要求进行见证：

(1) 授权委托书的内容是否明确，本登记事项是否在其委托范围内；

(2) 按《不动产登记操作规范》第3.2.2的要求核验当事人双方的身份证明；

(3) 由委托人在授权委托书上签字；

(4) 不动产登记机构工作人员在授权委托书上签字见证。

具备技术条件的不动产登记机构应当留存见证过程的照片。

第十九条　【实地查看和调查】属于下列情形之一的，不动产登记机构可以对申请登记的不动产进行实地查看：

（一）房屋等建筑物、构筑物所有权首次登记；

（二）在建建筑物抵押权登记；

（三）因不动产灭失导致的注销登记；

（四）不动产登记机构认为需要实地查看的其他情形。

对可能存在权属争议，或者可能涉及他人利害关系的登记申请，不动产登记机构可以向申请人、利害关系人或者有关单位进行调查。

不动产登记机构进行实地查看或者调查时，申请人、被调查人应当予以配合。

注解

本条第1款明确规定了不动产登记机构可以对申请登记的不动产进行实地查看的情形。

一是房屋等建筑物、构筑物所有权首次登记。办理房屋初始登记时，登记机构可以到实地查看，范围包括：房屋坐落、占地范围与土地使用权证明上所记载的房屋用地情况是否一致；房屋与申请人提交的建设工程符合规划的证明材料记载的房屋是否一致；房屋与已竣工的证明材料记载的情况是否一致。

二是在建建筑物抵押权登记。在建建筑物抵押权登记的实地查看主要包括两方面内容：其一是对已建成的部分是否真实存在进行查看；其二是对项目的名称、坐落等进行核实。若有必要，房屋登记机构应当对已进行实地查看的情况通过文字或拍照的方式予以记录保存。

三是因不动产灭失导致的注销登记。不动产实际上已经不存在，但权利人并未主动申请注销登记，此时登记簿上记载的信息与不动产的真实状况是不相符的。若原权利人在利益驱动下利用此漏洞将登记簿上记载的实际上已不存在的不动产进行转移、抵押等处分，就极易产生扰乱不动产交易市场，侵犯第三人合法权益的后果。为了更好地保护相对人既有的所有权和共有权，在办理因不动产灭失导致的注销登记申请时，房屋登记机构可以进行实地查看。

应用

18. 实地查看的适用情形和查看内容是什么？

属于下列情形之一的，不动产登记机构可以对申请登记的不动产进行实地查看：

（1）房屋等建筑物、构筑物所有权首次登记，查看房屋坐落及其建造完成等情况；

（2）在建建筑物抵押权登记，查看抵押的在建建筑物坐落及其建造等情况；

（3）因不动产灭失申请的注销登记，查看不动产灭失等情况；

（4）不动产登记机构认为需要实地查看的其他情形。

实地查看应由不动产登记机构工作人员参加，查看人员应对查看对象拍照，填写实地查看记录。现场照片及查看记录应归档。

对可能存在权属争议，或者可能涉及他人利害关系的登记申请，不动产登记机构可以向申请人、利害关系人或者有关单位进行调查。不动产登记机构进行调查时，申请人、被调查人应当予以配合。

第二十条　【登记期限】不动产登记机构应当自受理登记申请之日起30个工作日内办结不动产登记手续，法律另有规定的除外。

注解

需要注意的是，本条所规定的审查时限并不包括公告的时间。公告并非不动产登记的必经程序。如果登记机构在进行审查时需要公告，或者法律法规有明确的规定需要公告的，公告的时间应当另行计算。实践中，公告的时间也没有计算到登记时限内。

第二十一条　【登簿和发证】登记事项自记载于不动产登记簿时完成登记。

不动产登记机构完成登记，应当依法向申请人核发不动产权属证书或者登记证明。

注解

不动产权属证书和不动产登记证明由国土资源部统一制定样式、统一监制、统一编号规则。不动产权属证书和不动产登记证明的印制、发行、管理和质量监督工作由省级国土资源主管部门负责。

不动产权属证书和不动产登记证明应当一证一号，更换证书和证明应当更换号码。

有条件的地区，不动产登记机构可以采用印制二维码等防伪手段。

本条第2款是颁证的规定，明确了登记完成后不动产登记机构应当依法向申请人核发统一的不动产权属证书或者登记证明。实行统一登记后，由不动产登记机构依法向申请人核发统一的不动产权属证书或登记证明，改变了多部门管理的乱象，便利了不动产交易，是便民原则的重要体现。

应用

19. 为何需要向登记申请人发放相应的不动产权属证书或者登记证明呢?

一是可以证明不动产登记机构完成了登记行为，是登记程序终结的标志。二是可以最直接证明权利人对相应不动产享有的权利。不动产登记机构向登记申请人发放的相应不动产权属证书或者登记证明由登记申请人保管，在需要证明不动产权利状况时可以直接出示，便利了不动产权利交易。三是可以起到保障登记活动安全的作用。向登记申请人发放相应的不动产权属证书或者登记证明可以防止登记机构及其工作人员擅自对登记簿的内容进行篡改。因此，我国实行的是不动产登记发证制度，不动产登记机构除在登记簿上对登记事项进行记载外，还需向不动产权利人颁发由国家统一印制的不动产权属证书或者发给登记证明。

20. 不动产权属证书和不动产登记证明如何换发、补发、注销?

不动产权属证书和不动产登记证明换发、补发、注销的，原证号废止。换发、补发的新不动产权属证书或不动产登记证明应当更换号码，并在不动产权属证书或者不动产登记证明上注明“换发”“补发”字样。

不动产权属证书或者不动产登记证明破损、污损、填制错误的，当事人可以向不动产登记机构申请换发。符合换发条件的，不动产登记机构应当收回并注销原不动产权属证书或者不动产登记证明，并将有关事项记载于不动产登记簿后，向申请人换发新的不动产权属证书或者不动产登记证明，并注明“换发”字样。

不动产权属证书或者不动产登记证明遗失、灭失，不动产权利人申请补发的，由不动产登记机构在其门户网站上刊发不动产权利人的遗失、灭失声明，15个工作日后，打印一份遗失、灭失声明页面存档，并将有关事项记载于不动产登记簿，向申请人补发新的不动产权属证书或者不动产登记证明，并注明“补发”字样。

不动产被查封、抵押或存在异议登记、预告登记的，不影响不动产权属证书和不动产登记证明的换发或补发。

21. 哪种情形，登记事项只记载于不动产登记簿，不核发不动产权属证书或者不动产登记证明?

（1）建筑区划内依法属于业主共有的道路、绿地、其他公共场所、公用设施和物业服务用房等及其占用范围内的建设用地使用权；

（2）查封登记、预查封登记。

第二十二条　【不予登记】登记申请有下列情形之一的，不动产登记机构应当不予登记，并书面告知申请人：

（一）违反法律、行政法规规定的；

（二）存在尚未解决的权属争议的；

（三）申请登记的不动产权利超过规定期限的；

（四）法律、行政法规规定不予登记的其他情形。

注解

本条明确规定了登记机构在何种情况下应当作出不予登记的决定。凡符合本条规定的几种情况的，表明登记申请事项存在根本性的缺陷或者在登记申请时不存在补救的可能，不动产登记机构应当不予登记。

抵押权的期限一般与主债权的期限相同。抵押权期限超过主债权期限的应当不予登记。

应用

22. 不动产登记机构不予登记并书面通知申请人哪些内容?

（1）申请人未按照不动产登记机构要求进一步补充材料的；

（2）申请人、委托代理人身份证明材料以及授权委托书与申请人不一致的；

（3）申请登记的不动产不符合不动产单元设定条件的；

（4）申请登记的事项与权属来源材料或者登记原因文件不一致的；

（5）申请登记的事项与不动产登记簿的记载相冲突的；

（6）不动产存在权属争议的，但申请异议登记除外；

(7) 未依法缴纳土地出让价款、土地租金、海域使用金或者相关税费的；

(8) 申请登记的不动产权利超过规定期限的；

(9) 不动产被依法查封期间，权利人处分该不动产申请登记的；

(10) 未经预告登记权利人书面同意，当事人处分该不动产申请登记的；

(11) 法律、行政法规规定的其他情形。

配套

《土地管理法》第14条；《农村土地承包法》第21条；《城镇国有土地使用权出让和转让暂行条例》第12条；《海域使用管理法》第25条；《民法典》第377条

第四章　登记信息共享与保护

第二十三条　【不动产登记信息管理基础平台】国务院国土资源主管部门应当会同有关部门建立统一的不动产登记信息管理基础平台。

各级不动产登记机构登记的信息应当纳入统一的不动产登记信息管理基础平台，确保国家、省、市、县四级登记信息的实时共享。

注解

本条第1款规定了国土资源主管部门牵头建立统一的不动产登记信息管理基础平台的职责，这一规定是结合不动产统一登记的现实需要所作出的，符合统一登记信息化的趋势。由原先分散登记转变为统一登记，需要对庞杂的登记信息进行整合，为统一登记和公开查询做好充分的准备。在目前登记人员较为短缺的状况下，可能会减缓登记速度，但从长远来看，不动产登记信息管理基础平台的建立可以提高登记机构的工作效率，减少登记信息错误，能够提高登记的规范化和标准化程度，为各级、各地区登记机构信息的互联互通和登记信息共享创造技术条件。

本条第2款规定了各级不动产登记机构有将其登记的信息纳入统一的登记信息平台的义务。我国不动产登记机构分为四级，分别是国家、省、市、县四级。这四级登记机构在办理登记过程中形成的登记信息共同构成了统一的不动产登记信息管理基础平台的基本数据，是信息平台的基本组成。登记机构的工作人员应当严格按照登记程序审查登记事项，及时录入登记信息，确保各级登记信息实时共享。另外，各级不动产登记机构都要接受国务院国土资源主管部门的指导和监督，通过统一的信息平台，国土资源主管部门可以最清晰、快捷地实现监管职能。

第二十四条　【登记信息实时互通共享】不动产登记有关信息与住房城乡建设、农业、林业、海洋等部门审批信息、交易信息等应当实时互通共享。

不动产登记机构能够通过实时互通共享取得的信息，不得要求不动产登记申请人重复提交。

注解

本条是关于相关部门信息互通共享的规定。建立各部门不动产登记信息的实时互通共享机制，对于不动产登记机构来说，可以大大提高管理工作效率，减少错误登记的可能；对于其他部门来说，可以提供有效、便捷的服务，是一项共赢的制度。

第二十五条　【登记信息互通共享】国土资源、公安、民政、财政、税务、工商、金融、审计、统计等部门应当加强不动产登记有关信息互通共享。

注解

本条所列举部门不负责不动产登记工作，但这些部门开展相关工作需要不动产登记信息作为基础资料，可以在信息平台中给上述部门留有接口，以方便职能部门查询所需的不动产登记信息，提高行政效率。因此本条对这些部门有关不动产登记信息的互通共享进行了专门规定。

第二十六条　【保密义务】不动产登记机构、不动产登记信息共享单位及其工作人员应当对不动产登记信息保密；涉及国家秘密的不动产登记信息，应当依法采取必要的安全保密措施。

注解

本条明确要求涉及国家秘密的不动产登记信息，应当进行必要的安全技术处理。根据《保守国家秘密法》的有关规定，对属于国家秘密的信息应当采取必要的安全防护措施。本条对涉及国家秘密的不动产登记信息进行安全技术处理仅仅作出了原则性的规定，具体操作上应当依照《保守国家秘密法》的相关规定，以及出台相应的具体办法予以执行。

配套

《保守国家秘密法》

第二十七条　【登记资料查询、复制】 权利人、利害关系人可以依法查询、复制不动产登记资料，不动产登记机构应当提供。

有关国家机关可以依照法律、行政法规的规定查询、复制与调查处理事项有关的不动产登记资料。

注解

本条分为两个层面的内容，一是权利人、利害关系人的查询，二是公务查询。

这里的“权利人”是指在不动产登记簿上记载的不动产物权人，而不包括债权人，如房屋的租赁权人就不属于这里的权利人的范畴。对“利害关系人”实质内容的界定不属于登记机构的职责范围，申请人只要能够提供与不动产登记事项有利害关系的说明材料，登记机构就可以认为申请人属于利害关系人。如房屋继承人、受赠人和受遗赠人，仲裁事项、诉讼案件的当事人都可以对登记资料进行查询、复制。

公务查询的主体包括国家安全机关、公安机关、检察机关、审判机关等机关，这不同于普通公众或者利害关系人的查询，此类查询通常是由于权利人牵涉某些国家机关需要调查处理的事项而引起的，由有关国家机关在执行公务时所进行的查询，不动产登记机构有协助提供相应的不动产登记资料以供查询和复制的义务。

应用

23. 哪些情形可以依法查询不动产登记资料?

(1) 权利人可以查询、复制其全部的不动产登记资料;

(2) 因不动产交易、继承、诉讼等涉及的利害关系人可以查询、复制不动产自然状况、权利人及其不动产查封、抵押、预告登记、异议登记等状况;

(3) 人民法院、人民检察院、国家安全机关、监察机关以及其他因执行公务需要的国家机关可以依法查询、复制与调查和处理事项有关的不动产登记资料;

(4) 法律、行政法规规定的其他情形。

查询不动产登记资料的单位和个人应当向不动产登记机构说明查询目的,不得将查询获得的不动产登记资料用于其他目的;未经权利人同意,不得泄露查询获得的不动产登记信息。

24. 符合哪些条件,不动产登记机构应当予以查询或复制不动产登记资料?

(1) 查询主体到不动产登记机构来查询的;

(2) 查询的不动产属于本不动产登记机构的管辖范围;

(3) 查询申请材料齐全,且符合形式要求;

(4) 查询主体及其内容符合《不动产登记操作规范》第20.1条的规定;

(5) 查询目的明确且不违反法律、行政法规规定;

(6) 法律、行政法规规定的其他条件。

配套

《律师法》第35条;《不动产登记资料查询暂行办法》第4、7、8、11条

第二十八条　【不得滥用登记资料】 查询不动产登记资料的单位、个人应当向不动产登记机构说明查询目的,不得将查询获得的不动产登记资料用于其他目的;未经权利人同意,不得泄露查询获得的不动产登记资料。

注解

在申请查询不动产登记资料时，查询人应当填写登记信息查询申请表，表格中应当有要求申请人填写对登记资料的利用用途的栏目。具体的利用用途包括遗失补证、诉讼取证、公证仲裁、房产调查等。申请人应当按照填写的利用用途对所获得的登记资料进行利用，不得将这些资料用于其他目的。在登记机构进行审查时，只需审查申请人填写的利用用途是否合法即可。

不动产登记资料可能涉及个人隐私、商业秘密甚至国家秘密，必须对未经权利人同意向社会或者他人泄露查询获得的不动产登记资料的行为明令禁止。

配套

《反不正当竞争法》第21条；《保守国家秘密法》第48条、第49条；《刑法》第111条、第219条、第398条

第五章　法律责任

第二十九条　【登记错误赔偿责任】不动产登记机构登记错误给他人造成损害，或者当事人提供虚假材料申请登记给他人造成损害的，依照《中华人民共和国物权法》的规定承担赔偿责任。

注解

首先，不动产登记机构的赔偿责任属于无过错责任，无论是否存在过错，都需先承担赔偿责任。登记错误的受害人处于相对弱势的地位，这样规定，是为了对受害人提供更加充分的保护。登记机构赔偿后，可以向造成登记错误的人追偿，包括提供虚假材料的登记申请人、存在故意或重大过失的登记机构的工作人员等。其次，登记机构的赔偿属于国家赔偿。根据《国家赔偿法》第2条的规定，不动产登记机构作为国家机关，在行使登记职权过程中，给公民、法人的合法权益造成损害的，应当承担国家赔偿责任。

配套

《民法典》第222条；《国家赔偿法》第2条

第三十条　【渎职行为的法律责任】不动产登记机构工作人员进行虚假登记，损毁、伪造不动产登记簿，擅自修改登记事项，或者有其他滥用职权、玩忽职守行为的，依法给予处分；给他人造成损害的，依法承担赔偿责任；构成犯罪的，依法追究刑事责任。

注解

不动产登记簿记载了不动产的权利现状和其他事项，是不动产物权的归属和内容的根据。不动产登记机构工作人员的渎职行为会造成登记簿记载与实际情况不符，权利人难以据此主张权利，其利益会受到严重威胁或损害，同时影响不动产交易活动的安全性，给相关利害关系人带来损失，也损害了不动产登记簿的可信赖性和权威性。

本条规定这4类渎职行为应当承担的民事责任、行政责任和刑事责任。由于渎职行为给他人造成损害的，依法承担民事赔偿责任；不动产登记机构工作人员有本条规定的渎职行为的，依法给予行政处分；登记机构工作人员的渎职行为对相应社会关系造成严重侵害后果的，应当依法追究其刑事责任。

配套

《公务员法》第61条；《违反土地管理规定行为处分办法》第7条第1项；《刑法》第397条；《最高人民检察院关于渎职侵权犯罪案件立案标准的规定》

第三十一条　【伪造变造证书证明法律责任】伪造、变造不动产权属证书、不动产登记证明，或者买卖、使用伪造、变造的不动产权属证书、不动产登记证明的，由不动产登记机构或者公安机关依法予以收缴；有违法所得的，没收违法所得；给他人造成损害的，依法承担赔偿责任；构成违反治安管理行为的，依法给予治安管理处罚；构成犯罪的，依法追究刑事责任。

注解

不动产权属证书和不动产登记证明是不动产登记簿所记载内容的外在表现形式。在社会生活和交易过程中，不动产权利人为了证明自己的权利状况，可以出示权属证书。任何单位和个人不能伪造、变造不动产权属证书、不动产登记证明，也不能买卖、使用伪造、变造的不动产权属证书、不动产登记证明，否则会造成不动产权利归属与实际情况不符，严重扰乱不动产交易秩序，会给相关利害关系人带来重大损失。

配套

《治安管理处罚法》第 52 条；《刑法》第 280 条

第三十二条　【泄露登记信息法律责任】不动产登记机构、不动产登记信息共享单位及其工作人员，查询不动产登记资料的单位或者个人违反国家规定，泄露不动产登记资料、登记信息，或者利用不动产登记资料、登记信息进行不正当活动，给他人造成损害的，依法承担赔偿责任；对有关责任人员依法给予处分；有关责任人员构成犯罪的，依法追究刑事责任。

注解

《条例》第 26 条明确规定了不动产登记机构、登记信息共享单位及其工作人员对不动产登记信息的保密义务。泄露不动产登记资料或者登记信息，不仅可能侵犯不动产权利人的个人隐私，还可能侵犯商业秘密，甚至泄露国家秘密，会给权利人及相关人员造成损害。本条是对违反《条例》第 26 条规定的对应罚则。

应用

25. 是不是所有泄露不动产登记资料或者登记信息的都构成犯罪?

不是所有泄露不动产登记资料或者登记信息的都构成犯罪，只有侵犯商业秘密和泄露国家秘密的，才可能构成犯罪，追究刑事责任。

侵犯商业秘密罪的犯罪构成包括 4 个方面：一是该罪的主体是一般主体，不动产登记机构、不动产登记信息共享单位及其工作人员、查询不动产登记资料的单位和个人都可以成为该罪的主体。二是该罪侵犯的客体是商业秘密权人（商业秘密权利人对商业秘密所拥有的合法权益）以及受国家保护的正常有序的市场经济秩序。三是该罪在主观方面只能出于故意，即行为人有意识地通过多种手段侵犯商业秘密，过失不构成本罪。四是该罪在客观方面表现为实施了侵犯商业秘密的行为，并且给权利人造成了重大损失。以上4个构成要件，缺一不可，否则就不构成该罪。

泄露国家秘密罪的犯罪构成包括4个方面：一是该罪的主体一般为特殊主体，即国家机关工作人员才能构成该罪，因为通常情况只有国家机关工作人员才能掌握、了解国家秘密，这类犯罪属于渎职罪。但《刑法》作了扩大解释，包括“非国家机关工作人员”也可以作为犯罪主体，但应“酌情处罚”，一般理解为应比照从轻，此类行为主体构成的犯罪不属于渎职罪。二是该罪侵犯的客体是国家的保密制度。三是该罪在主观方面只能出于故意，即行为人有意识地泄露国家秘密，过失不构成本罪。四是该罪在客观方面，行为人必须具有违反国家保密法的规定，故意泄露国家秘密，情节严重的行为。以上4个构成要件，缺一不可，否则就不构成该罪。

配套

《保守国家秘密法》第48条；《公务员法》第61条；《刑法》第219条、第398条

第六章　附　　则

第三十三条　【过渡期】本条例施行前依法颁发的各类不动产权属证书和制作的不动产登记簿继续有效。

不动产统一登记过渡期内，农村土地承包经营权的登记按照国家有关规定执行。

第三十四条　【制定实施细则】本条例实施细则由国务院国土资源主管部门会同有关部门制定。

第三十五条　【施行日期】本条例自2015年3月1日起施行。本条例施行前公布的行政法规有关不动产登记的规定与本条例规定不一致的，以本条例规定为准。

配套法规

中华人民共和国民法典（节录）

（2020年5月28日第十三届全国人民代表大会第三次会议通过 2020年5月28日中华人民共和国主席令第45号公布 自2021年1月1日起施行）

……

第二百零九条 不动产物权的设立、变更、转让和消灭，经依法登记，发生效力；未经登记，不发生效力，但是法律另有规定的除外。

依法属于国家所有的自然资源，所有权可以不登记。

第二百一十条 不动产登记，由不动产所在地的登记机构办理。

国家对不动产实行统一登记制度。统一登记的范围、登记机构和登记办法，由法律、行政法规规定。

第二百一十一条 当事人申请登记，应当根据不同登记事项提供权属证明和不动产界址、面积等必要材料。

……

第二百一十四条 不动产物权的设立、变更、转让和消灭，依照法律规定应当登记的，自记载于不动产登记簿时发生效力。

……

第二百一十六条 不动产登记簿是物权归属和内容的根据。

不动产登记簿由登记机构管理。

……

第二百二十条 权利人、利害关系人认为不动产登记簿记载的事项错误的，可以申请更正登记。不动产登记簿记载的权利人书面同意更正或者有证据证明登记确有错误的，登记机构应当予以更正。

不动产登记簿记载的权利人不同意更正的，利害关系人可以申请异议登记。登记机构予以异议登记，申请人自异议登记之日起十五日内不提起诉讼的，异议登记失效。异议登记不当，造成权利人损害的，权利人可以向申请人请求损害赔偿。

……

不动产登记暂行条例实施细则

（2016 年 1 月 1 日国土资源部令第 63 号公布　根据 2019 年 7 月 24 日《自然资源部关于第一批废止和修改的部门规章的决定》修订）

第一章　总　　则

第一条　为规范不动产登记行为，细化不动产统一登记制度，方便人民群众办理不动产登记，保护权利人合法权益，根据《不动产登记暂行条例》（以下简称《条例》），制定本实施细则。

第二条　不动产登记应当依照当事人的申请进行，但法律、行政法规以及本实施细则另有规定的除外。

房屋等建筑物、构筑物和森林、林木等定着物应当与其所依附的土地、海域一并登记，保持权利主体一致。

第三条　不动产登记机构依照《条例》第七条第二款的规定，协商办理或者接受指定办理跨县级行政区域不动产登记的，应当在登记完毕后将不动产登记簿记载的不动产权利人以及不动产坐落、界址、面积、用途、权利类型等登记结果告知不动产所跨区域的其他不动产登记机构。

第四条　国务院确定的重点国有林区的森林、林木和林地，由自然资源部受理并会同有关部门办理，依法向权利人核发不动产权属证书。

国务院批准的项目用海、用岛的登记，由自然资源部受理，依法向权利人核发不动产权属证书。

第二章　不动产登记簿

第五条　《条例》第八条规定的不动产单元，是指权属界线封闭且具有独立使用价值的空间。

没有房屋等建筑物、构筑物以及森林、林木定着物的，以土地、海域权属界线封闭的空间为不动产单元。

有房屋等建筑物、构筑物以及森林、林木定着物的，以该房屋等建筑物、构筑物以及森林、林木定着物与土地、海域权属界线封闭的空间为不动产单元。

前款所称房屋，包括独立成幢、权属界线封闭的空间，以及区分套、层、间等可以独立使用、权属界线封闭的空间。

第六条　不动产登记簿以宗地或者宗海为单位编成，一宗地或者一宗海范围内的全部不动产单元编入一个不动产登记簿。

第七条　不动产登记机构应当配备专门的不动产登记电子存储设施，采取信息网络安全防护措施，保证电子数据安全。

任何单位和个人不得擅自复制或者篡改不动产登记簿信息。

第八条　承担不动产登记审核、登簿的不动产登记工作人员应当熟悉相关法律法规，具备与其岗位相适应的不动产登记等方面的专业知识。

自然资源部会同有关部门组织开展对承担不动产登记审核、登簿的不动产登记工作人员的考核培训。

第三章　登 记 程 序

第九条　申请不动产登记的，申请人应当填写登记申请书，并提交身份证明以及相关申请材料。

申请材料应当提供原件。因特殊情况不能提供原件的，可以提供复印件，复印件应当与原件保持一致。

第十条 处分共有不动产申请登记的，应当经占份额三分之二以上的按份共有人或者全体共同共有人共同申请，但共有人另有约定的除外。

按份共有人转让其享有的不动产份额，应当与受让人共同申请转移登记。

建筑区划内依法属于全体业主共有的不动产申请登记，依照本实施细则第三十六条的规定办理。

第十一条 无民事行为能力人、限制民事行为能力人申请不动产登记的，应当由其监护人代为申请。

监护人代为申请登记的，应当提供监护人与被监护人的身份证或者户口簿、有关监护关系等材料；因处分不动产而申请登记的，还应当提供为被监护人利益的书面保证。

父母之外的监护人处分未成年人不动产的，有关监护关系材料可以是人民法院指定监护的法律文书、经过公证的对被监护人享有监护权的材料或者其他材料。

第十二条 当事人可以委托他人代为申请不动产登记。

代理申请不动产登记的，代理人应当向不动产登记机构提供被代理人签字或者盖章的授权委托书。

自然人处分不动产，委托代理人申请登记的，应当与代理人共同到不动产登记机构现场签订授权委托书，但授权委托书经公证的除外。

境外申请人委托他人办理处分不动产登记的，其授权委托书应当按照国家有关规定办理认证或者公证。

第十三条 申请登记的事项记载于不动产登记簿前，全体申请人提出撤回登记申请的，登记机构应当将登记申请书以及相关材料退还申请人。

第十四条 因继承、受遗赠取得不动产，当事人申请登记的，应当提交死亡证明材料、遗嘱或者全部法定继承人关于不动产分配的协议以及与被继承人的亲属关系材料等，也可以提交经公证的材料或者生效的法律文书。

第十五条 不动产登记机构受理不动产登记申请后，还应当对下列内容进行查验：

（一）申请人、委托代理人身份证明材料以及授权委托书与申请主体是否一致；

（二）权属来源材料或者登记原因文件与申请登记的内容是否一致；

（三）不动产界址、空间界限、面积等权籍调查成果是否完备，权属是否清楚、界址是否清晰、面积是否准确；

（四）法律、行政法规规定的完税或者缴费凭证是否齐全。

第十六条 不动产登记机构进行实地查看，重点查看下列情况：

（一）房屋等建筑物、构筑物所有权首次登记，查看房屋坐落及其建造完成等情况；

（二）在建建筑物抵押权登记，查看抵押的在建建筑物坐落及其建造等情况；

（三）因不动产灭失导致的注销登记，查看不动产灭失等情况。

第十七条 有下列情形之一的，不动产登记机构应当在登记事项记载于登记簿前进行公告，但涉及国家秘密的除外：

（一）政府组织的集体土地所有权登记；

（二）宅基地使用权及房屋所有权，集体建设用地使用权及建筑物、构筑物所有权，土地承包经营权等不动产权利的首次登记；

（三）依职权更正登记；

（四）依职权注销登记；

（五）法律、行政法规规定的其他情形。

公告应当在不动产登记机构门户网站以及不动产所在地等指定场所进行，公告期不少于 15 个工作日。公告所需时间不计算在登记办理期限内。公告期满无异议或者异议不成立的，应当及时记载于不动产登记簿。

第十八条　不动产登记公告的主要内容包括：

（一）拟予登记的不动产权利人的姓名或者名称；

（二）拟予登记的不动产坐落、面积、用途、权利类型等；

（三）提出异议的期限、方式和受理机构；

（四）需要公告的其他事项。

第十九条　当事人可以持人民法院、仲裁委员会的生效法律文书或者人民政府的生效决定单方申请不动产登记。

有下列情形之一的，不动产登记机构直接办理不动产登记：

（一）人民法院持生效法律文书和协助执行通知书要求不动产登记机构办理登记的；

（二）人民检察院、公安机关依据法律规定持协助查封通知书要求办理查封登记的；

（三）人民政府依法做出征收或者收回不动产权利决定生效后，要求不动产登记机构办理注销登记的；

（四）法律、行政法规规定的其他情形。

不动产登记机构认为登记事项存在异议的，应当依法向有关机关提出审查建议。

第二十条　不动产登记机构应当根据不动产登记簿，填写并核发不动产权属证书或者不动产登记证明。

除办理抵押权登记、地役权登记和预告登记、异议登记，向申请人核发不动产登记证明外，不动产登记机构应当依法向权利人核发不动产权属证书。

不动产权属证书和不动产登记证明，应当加盖不动产登记机构登记专用章。

不动产权属证书和不动产登记证明样式，由自然资源部统一规定。

第二十一条　申请共有不动产登记的，不动产登记机构向全体共有人合并发放一本不动产权属证书；共有人申请分别持证的，可以为共有人分别发放不动产权属证书。

共有不动产权属证书应当注明共有情况，并列明全体共有人。

第二十二条　不动产权属证书或者不动产登记证明污损、破损的，当事人可以向不动产登记机构申请换发。符合换发条件的，不动产登记机构应当予以换发，并收回原不动产权属证书或者不动产登记证明。

不动产权属证书或者不动产登记证明遗失、灭失，不动产权利人申请补发的，由不动产登记机构在其门户网站上刊发不动产权利人的遗失、灭失声明15个工作日后，予以补发。

不动产登记机构补发不动产权属证书或者不动产登记证明的，应当将补发不动产权属证书或者不动产登记证明的事项记载于不动产登记簿，并在不动产权属证书或者不动产登记证明上注明“补发”字样。

第二十三条 因不动产权利灭失等情形，不动产登记机构需要收回不动产权属证书或者不动产登记证明的，应当在不动产登记簿上将收回不动产权属证书或者不动产登记证明的事项予以注明；确实无法收回的，应当在不动产登记机构门户网站或者当地公开发行的报刊上公告作废。

第四章　不动产权利登记

第一节　一般规定

第二十四条 不动产首次登记，是指不动产权利第一次登记。

未办理不动产首次登记的，不得办理不动产其他类型登记，但法律、行政法规另有规定的除外。

第二十五条 市、县人民政府可以根据情况对本行政区域内未登记的不动产，组织开展集体土地所有权、宅基地使用权、集体建设用地使用权、土地承包经营权的首次登记。

依照前款规定办理首次登记所需的权属来源、调查等登记材料，由人民政府有关部门组织获取。

第二十六条 下列情形之一的，不动产权利人可以向不动产登记机构申请变更登记：

（一）权利人的姓名、名称、身份证明类型或者身份证明号码发生变更的；

（二）不动产的坐落、界址、用途、面积等状况变更的；

（三）不动产权利期限、来源等状况发生变化的；

（四）同一权利人分割或者合并不动产的；

（五）抵押担保的范围、主债权数额、债务履行期限、抵押权顺位发生变化的；

（六）最高额抵押担保的债权范围、最高债权额、债权确定期间等发生变化的；

（七）地役权的利用目的、方法等发生变化的；

（八）共有性质发生变更的；

（九）法律、行政法规规定的其他不涉及不动产权利转移的变更情形。

第二十七条 因下列情形导致不动产权利转移的，当事人可以向不动产登记机构申请转移登记：

（一）买卖、互换、赠与不动产的；

（二）以不动产作价出资（入股）的；

（三）法人或者其他组织因合并、分立等原因致使不动产权利发生转移的；

（四）不动产分割、合并导致权利发生转移的；

（五）继承、受遗赠导致权利发生转移的；

（六）共有人增加或者减少以及共有不动产份额变化的；

（七）因人民法院、仲裁委员会的生效法律文书导致不动产权利发生转移的；

（八）因主债权转移引起不动产抵押权转移的；

（九）因需役地不动产权利转移引起地役权转移的；

（十）法律、行政法规规定的其他不动产权利转移情形。

第二十八条 有下列情形之一的，当事人可以申请办理注销登记：

（一）不动产灭失的；

（二）权利人放弃不动产权利的；

（三）不动产被依法没收、征收或者收回的；

（四）人民法院、仲裁委员会的生效法律文书导致不动产权利消灭的；

（五）法律、行政法规规定的其他情形。

不动产上已经设立抵押权、地役权或者已经办理预告登记，所有权人、使用权人因放弃权利申请注销登记的，申请人应当提供抵押权人、地役权人、预告登记权利人同意的书面材料。

第二节 集体土地所有权登记

第二十九条 集体土地所有权登记，依照下列规定提出申请：

（一）土地属于村农民集体所有的，由村集体经济组织代为申请，没有集体经济组织的，由村民委员会代为申请；

（二）土地分别属于村内两个以上农民集体所有的，由村内各集体经济组织代为申请，没有集体经济组织的，由村民小组代为申请；

（三）土地属于乡（镇）农民集体所有的，由乡（镇）集体经济组织代为申请。

第三十条 申请集体土地所有权首次登记的，应当提交下列材料：

（一）土地权属来源材料；

（二）权籍调查表、宗地图以及宗地界址点坐标；

（三）其他必要材料。

第三十一条 农民集体因互换、土地调整等原因导致集体土地所有权转移，申请集体土地所有权转移登记的，应当提交下列材料：

（一）不动产权属证书；

（二）互换、调整协议等集体土地所有权转移的材料；

（三）本集体经济组织三分之二以上成员或者三分之二以上村民代表同意的材料；

（四）其他必要材料。

第三十二条 申请集体土地所有权变更、注销登记的，应当提交下列材料：

（一）不动产权属证书；

（二）集体土地所有权变更、消灭的材料；

（三）其他必要材料。

第三节　国有建设用地使用权及房屋所有权登记

第三十三条　依法取得国有建设用地使用权，可以单独申请国有建设用地使用权登记。

依法利用国有建设用地建造房屋的，可以申请国有建设用地使用权及房屋所有权登记。

第三十四条　申请国有建设用地使用权首次登记，应当提交下列材料：

（一）土地权属来源材料；

（二）权籍调查表、宗地图以及宗地界址点坐标；

（三）土地出让价款、土地租金、相关税费等缴纳凭证；

（四）其他必要材料。

前款规定的土地权属来源材料，根据权利取得方式的不同，包括国有建设用地划拨决定书、国有建设用地使用权出让合同、国有建设用地使用权租赁合同以及国有建设用地使用权作价出资（入股）、授权经营批准文件。

申请在地上或者地下单独设立国有建设用地使用权登记的，按照本条规定办理。

第三十五条　申请国有建设用地使用权及房屋所有权首次登记的，应当提交下列材料：

（一）不动产权属证书或者土地权属来源材料；

（二）建设工程符合规划的材料；

（三）房屋已经竣工的材料；

（四）房地产调查或者测绘报告；

（五）相关税费缴纳凭证；

（六）其他必要材料。

第三十六条 办理房屋所有权首次登记时，申请人应当将建筑区划内依法属于业主共有的道路、绿地、其他公共场所、公用设施和物业服务用房及其占用范围内的建设用地使用权一并申请登记为业主共有。业主转让房屋所有权的，其对共有部分享有的权利依法一并转让。

第三十七条 申请国有建设用地使用权及房屋所有权变更登记的，应当根据不同情况，提交下列材料：

（一）不动产权属证书；

（二）发生变更的材料；

（三）有批准权的人民政府或者主管部门的批准文件；

（四）国有建设用地使用权出让合同或者补充协议；

（五）国有建设用地使用权出让价款、税费等缴纳凭证；

（六）其他必要材料。

第三十八条 申请国有建设用地使用权及房屋所有权转移登记的，应当根据不同情况，提交下列材料：

（一）不动产权属证书；

（二）买卖、互换、赠与合同；

（三）继承或者受遗赠的材料；

（四）分割、合并协议；

（五）人民法院或者仲裁委员会生效的法律文书；

（六）有批准权的人民政府或者主管部门的批准文件；

（七）相关税费缴纳凭证；

（八）其他必要材料。

不动产买卖合同依法应当备案的，申请人申请登记时须提交经备案的买卖合同。

第三十九条 具有独立利用价值的特定空间以及码头、油库等其他建筑物、构筑物所有权的登记，按照本实施细则中房屋所有权登记有关规定办理。

第四节　宅基地使用权及房屋所有权登记

第四十条 依法取得宅基地使用权，可以单独申请宅基地使用权登记。

依法利用宅基地建造住房及其附属设施的，可以申请宅基地使用权及房屋所有权登记。

第四十一条 申请宅基地使用权及房屋所有权首次登记的，应当根据不同情况，提交下列材料：

（一）申请人身份证和户口簿；

（二）不动产权属证书或者有批准权的人民政府批准用地的文件等权属来源材料；

（三）房屋符合规划或者建设的相关材料；

（四）权籍调查表、宗地图、房屋平面图以及宗地界址点坐标等有关不动产界址、面积等材料；

（五）其他必要材料。

第四十二条 因依法继承、分家析产、集体经济组织内部互换房屋等导致宅基地使用权及房屋所有权发生转移申请登记的，申请人应当根据不同情况，提交下列材料：

（一）不动产权属证书或者其他权属来源材料；

（二）依法继承的材料；

（三）分家析产的协议或者材料；

（四）集体经济组织内部互换房屋的协议；

（五）其他必要材料。

第四十三条 申请宅基地等集体土地上的建筑物区分所有权登记的，参照国有建设用地使用权及建筑物区分所有权的规定办理登记。

第五节 集体建设用地使用权及建筑物、构筑物所有权登记

第四十四条 依法取得集体建设用地使用权，可以单独申请集体建设用地使用权登记。

依法利用集体建设用地兴办企业，建设公共设施，从事公益事

业等的，可以申请集体建设用地使用权及地上建筑物、构筑物所有权登记。

第四十五条 申请集体建设用地使用权及建筑物、构筑物所有权首次登记的，申请人应当根据不同情况，提交下列材料：

（一）有批准权的人民政府批准用地的文件等土地权属来源材料；

（二）建设工程符合规划的材料；

（三）权籍调查表、宗地图、房屋平面图以及宗地界址点坐标等有关不动产界址、面积等材料；

（四）建设工程已竣工的材料；

（五）其他必要材料。

集体建设用地使用权首次登记完成后，申请人申请建筑物、构筑物所有权首次登记的，应当提交享有集体建设用地使用权的不动产权属证书。

第四十六条 申请集体建设用地使用权及建筑物、构筑物所有权变更登记、转移登记、注销登记的，申请人应当根据不同情况，提交下列材料：

（一）不动产权属证书；

（二）集体建设用地使用权及建筑物、构筑物所有权变更、转移、消灭的材料；

（三）其他必要材料。

因企业兼并、破产等原因致使集体建设用地使用权及建筑物、构筑物所有权发生转移的，申请人应当持相关协议及有关部门的批准文件等相关材料，申请不动产转移登记。

第六节 土地承包经营权登记

第四十七条 承包农民集体所有的耕地、林地、草地、水域、滩涂以及荒山、荒沟、荒丘、荒滩等农用地，或者国家所有依法由农民集体使用的农用地从事种植业、林业、畜牧业、渔业等农业生产的，可以申请土地承包经营权登记；地上有森林、林木的，应当在申请土地承包经营权登记时一并申请登记。

第四十八条 依法以承包方式在土地上从事种植业或者养殖业生产活动的，可以申请土地承包经营权的首次登记。

以家庭承包方式取得的土地承包经营权的首次登记，由发包方持土地承包经营合同等材料申请。

以招标、拍卖、公开协商等方式承包农村土地的，由承包方持土地承包经营合同申请土地承包经营权首次登记。

第四十九条 已经登记的土地承包经营权有下列情形之一的，承包方应当持原不动产权属证书以及其他证实发生变更事实的材料，申请土地承包经营权变更登记：

（一）权利人的姓名或者名称等事项发生变化的；

（二）承包土地的坐落、名称、面积发生变化的；

（三）承包期限依法变更的；

（四）承包期限届满，土地承包经营权人按照国家有关规定继续承包的；

（五）退耕还林、退耕还湖、退耕还草导致土地用途改变的；

（六）森林、林木的种类等发生变化的；

（七）法律、行政法规规定的其他情形。

第五十条 已经登记的土地承包经营权发生下列情形之一的，当事人双方应当持互换协议、转让合同等材料，申请土地承包经营权的转移登记：

（一）互换；

（二）转让；

（三）因家庭关系、婚姻关系变化等原因导致土地承包经营权分割或者合并的；

（四）依法导致土地承包经营权转移的其他情形。

以家庭承包方式取得的土地承包经营权，采取转让方式流转的，还应当提供发包方同意的材料。

第五十一条 已经登记的土地承包经营权发生下列情形之一的，

承包方应当持不动产权属证书、证实灭失的材料等，申请注销登记：

（一）承包经营的土地灭失的；

（二）承包经营的土地被依法转为建设用地的；

（三）承包经营权人丧失承包经营资格或者放弃承包经营权的；

（四）法律、行政法规规定的其他情形。

第五十二条 以承包经营以外的合法方式使用国有农用地的国有农场、草场，以及使用国家所有的水域、滩涂等农用地进行农业生产，申请国有农用地的使用权登记的，参照本实施细则有关规定办理。

国有农场、草场申请国有未利用地登记的，依照前款规定办理。

第五十三条 国有林地使用权登记，应当提交有批准权的人民政府或者主管部门的批准文件，地上森林、林木一并登记。

第七节 海域使用权登记

第五十四条 依法取得海域使用权，可以单独申请海域使用权登记。

依法使用海域，在海域上建造建筑物、构筑物的，应当申请海域使用权及建筑物、构筑物所有权登记。

申请无居民海岛登记的，参照海域使用权登记有关规定办理。

第五十五条 申请海域使用权首次登记的，应当提交下列材料：

（一）项目用海批准文件或者海域使用权出让合同；

（二）宗海图以及界址点坐标；

（三）海域使用金缴纳或者减免凭证；

（四）其他必要材料。

第五十六条 有下列情形之一的，申请人应当持不动产权属证书、海域使用权变更的文件等材料，申请海域使用权变更登记：

（一）海域使用权人姓名或者名称改变的；

（二）海域坐落、名称发生变化的；

（三）改变海域使用位置、面积或者期限的；

（四）海域使用权续期的；

（五）共有性质变更的；

（六）法律、行政法规规定的其他情形。

第五十七条 有下列情形之一的，申请人可以申请海域使用权转移登记：

（一）因企业合并、分立或者与他人合资、合作经营、作价入股导致海域使用权转移的；

（二）依法转让、赠与、继承、受遗赠海域使用权的；

（三）因人民法院、仲裁委员会生效法律文书导致海域使用权转移的；

（四）法律、行政法规规定的其他情形。

第五十八条 申请海域使用权转移登记的，申请人应当提交下列材料：

（一）不动产权属证书；

（二）海域使用权转让合同、继承材料、生效法律文书等材料；

（三）转让批准取得的海域使用权，应当提交原批准用海的海洋行政主管部门批准转让的文件；

（四）依法需要补交海域使用金的，应当提交海域使用金缴纳的凭证；

（五）其他必要材料。

第五十九条 申请海域使用权注销登记的，申请人应当提交下列材料：

（一）原不动产权属证书；

（二）海域使用权消灭的材料；

（三）其他必要材料。

因围填海造地等导致海域灭失的，申请人应当在围填海造地等工程竣工后，依照本实施细则规定申请国有土地使用权登记，并办理海域使用权注销登记。

第八节 地役权登记

第六十条 按照约定设定地役权，当事人可以持需役地和供役地的不动产权属证书、地役权合同以及其他必要文件，申请地役权首次登记。

第六十一条 经依法登记的地役权发生下列情形之一的，当事人应当持地役权合同、不动产登记证明和证实变更的材料等必要材料，申请地役权变更登记：

（一）地役权当事人的姓名或者名称等发生变化；

（二）共有性质变更的；

（三）需役地或者供役地自然状况发生变化；

（四）地役权内容变更的；

（五）法律、行政法规规定的其他情形。

供役地分割转让办理登记，转让部分涉及地役权的，应当由受让人与地役权人一并申请地役权变更登记。

第六十二条 已经登记的地役权因土地承包经营权、建设用地使用权转让发生转移的，当事人应当持不动产登记证明、地役权转移合同等必要材料，申请地役权转移登记。

申请需役地转移登记的，或者需役地分割转让，转让部分涉及已登记的地役权的，当事人应当一并申请地役权转移登记，但当事人另有约定的除外。当事人拒绝一并申请地役权转移登记的，应当出具书面材料。不动产登记机构办理转移登记时，应当同时办理地役权注销登记。

第六十三条 已经登记的地役权，有下列情形之一的，当事人可以持不动产登记证明、证实地役权发生消灭的材料等必要材料，申请地役权注销登记：

（一）地役权期限届满；

（二）供役地、需役地归于同一人；

（三）供役地或者需役地灭失；

（四）人民法院、仲裁委员会的生效法律文书导致地役权消灭；

（五）依法解除地役权合同；

（六）其他导致地役权消灭的事由。

第六十四条 地役权登记，不动产登记机构应当将登记事项分别记载于需役地和供役地登记簿。

供役地、需役地分属不同不动产登记机构管辖的，当事人应当向供役地所在地的不动产登记机构申请地役权登记。供役地所在地不动产登记机构完成登记后，应当将相关事项通知需役地所在地不动产登记机构，并由其记载于需役地登记簿。

地役权设立后，办理首次登记前发生变更、转移的，当事人应当提交相关材料，就已经变更或者转移的地役权，直接申请首次登记。

第九节　抵押权登记

第六十五条　对下列财产进行抵押的，可以申请办理不动产抵押登记：

（一）建设用地使用权；

（二）建筑物和其他土地附着物；

（三）海域使用权；

（四）以招标、拍卖、公开协商等方式取得的荒地等土地承包经营权；

（五）正在建造的建筑物；

（六）法律、行政法规未禁止抵押的其他不动产。

以建设用地使用权、海域使用权抵押的，该土地、海域上的建筑物、构筑物一并抵押；以建筑物、构筑物抵押的，该建筑物、构筑物占用范围内的建设用地使用权、海域使用权一并抵押。

第六十六条　自然人、法人或者其他组织为保障其债权的实现，依法以不动产设定抵押的，可以由当事人持不动产权属证书、抵押合同与主债权合同等必要材料，共同申请办理抵押登记。

抵押合同可以是单独订立的书面合同，也可以是主债权合同中的抵押条款。

第六十七条　同一不动产上设立多个抵押权的，不动产登记机构应当按照受理时间的先后顺序依次办理登记，并记载于不动产登记簿。当事人对抵押权顺位另有约定的，从其规定办理登记。

第六十八条 有下列情形之一的，当事人应当持不动产权属证书、不动产登记证明、抵押权变更等必要材料，申请抵押权变更登记：

（一）抵押人、抵押权人的姓名或者名称变更的；

（二）被担保的主债权数额变更的；

（三）债务履行期限变更的；

（四）抵押权顺位变更的；

（五）法律、行政法规规定的其他情形。

因被担保债权主债权的种类及数额、担保范围、债务履行期限、抵押权顺位发生变更申请抵押权变更登记时，如果该抵押权的变更将对其他抵押权人产生不利影响的，还应当提交其他抵押权人书面同意的材料与身份证或者户口簿等材料。

第六十九条 因主债权转让导致抵押权转让的，当事人可以持不动产权属证书、不动产登记证明、被担保主债权的转让协议、债权人已经通知债务人的材料等相关材料，申请抵押权的转移登记。

第七十条 有下列情形之一的，当事人可以持不动产登记证明、抵押权消灭的材料等必要材料，申请抵押权注销登记：

（一）主债权消灭；

（二）抵押权已经实现；

（三）抵押权人放弃抵押权；

（四）法律、行政法规规定抵押权消灭的其他情形。

第七十一条 设立最高额抵押权的，当事人应当持不动产权属证书、最高额抵押合同与一定期间内将要连续发生的债权的合同或者其他登记原因材料等必要材料，申请最高额抵押权首次登记。

当事人申请最高额抵押权首次登记时，同意将最高额抵押权设立前已经存在的债权转入最高额抵押担保的债权范围的，还应当提交已存在债权的合同以及当事人同意将该债权纳入最高额抵押权担保范围的书面材料。

第七十二条 有下列情形之一的，当事人应当持不动产登记证明、最高额抵押权发生变更的材料等必要材料，申请最高额抵押权变更登记：

（一）抵押人、抵押权人的姓名或者名称变更的；

（二）债权范围变更的；

（三）最高债权额变更的；

（四）债权确定的期间变更的；

（五）抵押权顺位变更的；

（六）法律、行政法规规定的其他情形。

因最高债权额、债权范围、债务履行期限、债权确定的期间发生变更申请最高额抵押权变更登记时，如果该变更将对其他抵押权人产生不利影响的，当事人还应当提交其他抵押权人的书面同意文件与身份证或者户口簿等。

第七十三条 当发生导致最高额抵押权担保的债权被确定的事由，从而使最高额抵押权转变为一般抵押权时，当事人应当持不动产登记证明、最高额抵押权担保的债权已确定的材料等必要材料，申请办理确定最高额抵押权的登记。

第七十四条 最高额抵押权发生转移的，应当持不动产登记证明、部分债权转移的材料、当事人约定最高额抵押权随同部分债权的转让而转移的材料等必要材料，申请办理最高额抵押权转移登记。

债权人转让部分债权，当事人约定最高额抵押权随同部分债权的转让而转移的，应当分别申请下列登记：

（一）当事人约定原抵押权人与受让人共同享有最高额抵押权的，应当申请最高额抵押权的转移登记；

（二）当事人约定受让人享有一般抵押权、原抵押权人就扣减已转移的债权数额后继续享有最高额抵押权的，应当申请一般抵押权的首次登记以及最高额抵押权的变更登记；

（三）当事人约定原抵押权人不再享有最高额抵押权的，应当一并申请最高额抵押权确定登记以及一般抵押权转移登记。

最高额抵押权担保的债权确定前，债权人转让部分债权的，除当事人另有约定外，不动产登记机构不得办理最高额抵押权转移登记。

第七十五条 以建设用地使用权以及全部或者部分在建建筑物

设定抵押的，应当一并申请建设用地使用权以及在建建筑物抵押权的首次登记。

当事人申请在建建筑物抵押权首次登记时，抵押财产不包括已经办理预告登记的预购商品房和已经办理预售备案的商品房。

前款规定的在建建筑物，是指正在建造、尚未办理所有权首次登记的房屋等建筑物。

第七十六条 申请在建建筑物抵押权首次登记的，当事人应当提交下列材料：

（一）抵押合同与主债权合同；

（二）享有建设用地使用权的不动产权属证书；

（三）建设工程规划许可证；

（四）其他必要材料。

第七十七条 在建建筑物抵押权变更、转移或者消灭的，当事人应当提交下列材料，申请变更登记、转移登记、注销登记：

（一）不动产登记证明；

（二）在建建筑物抵押权发生变更、转移或者消灭的材料；

（三）其他必要材料。

在建建筑物竣工，办理建筑物所有权首次登记时，当事人应当申请将在建建筑物抵押权登记转为建筑物抵押权登记。

第七十八条 申请预购商品房抵押登记，应当提交下列材料：

（一）抵押合同与主债权合同；

（二）预购商品房预告登记材料；

（三）其他必要材料。

预购商品房办理房屋所有权登记后，当事人应当申请将预购商品房抵押预告登记转为商品房抵押权首次登记。

第五章 其他登记

第一节 更正登记

第七十九条 权利人、利害关系人认为不动产登记簿记载的事项有错误，可以申请更正登记。

权利人申请更正登记的，应当提交下列材料：

（一）不动产权属证书；

（二）证实登记确有错误的材料；

（三）其他必要材料。

利害关系人申请更正登记的，应当提交利害关系材料、证实不动产登记簿记载错误的材料以及其他必要材料。

第八十条 不动产权利人或者利害关系人申请更正登记，不动产登记机构认为不动产登记簿记载确有错误的，应当予以更正；但在错误登记之后已经办理了涉及不动产权利处分的登记、预告登记和查封登记的除外。

不动产权属证书或者不动产登记证明填制错误以及不动产登记机构在办理更正登记中，需要更正不动产权属证书或者不动产登记证明内容的，应当书面通知权利人换发，并把换发不动产权属证书或者不动产登记证明的事项记载于登记簿。

不动产登记簿记载无误的，不动产登记机构不予更正，并书面通知申请人。

第八十一条 不动产登记机构发现不动产登记簿记载的事项错误，应当通知当事人在30个工作日内办理更正登记。当事人逾期不办理的，不动产登记机构应当在公告15个工作日后，依法予以更正；但在错误登记之后已经办理了涉及不动产权利处分的登记、预告登记和查封登记的除外。

第二节 异议登记

第八十二条 利害关系人认为不动产登记簿记载的事项错误，权利人不同意更正的，利害关系人可以申请异议登记。

利害关系人申请异议登记的，应当提交下列材料：

（一）证实对登记的不动产权利有利害关系的材料；

（二）证实不动产登记簿记载的事项错误的材料；

（三）其他必要材料。

第八十三条 不动产登记机构受理异议登记申请的，应当将异议事项记载于不动产登记簿，并向申请人出具异议登记证明。

异议登记申请人应当在异议登记之日起 15 日内，提交人民法院受理通知书、仲裁委员会受理通知书等提起诉讼、申请仲裁的材料；逾期不提交的，异议登记失效。

异议登记失效后，申请人就同一事项以同一理由再次申请异议登记的，不动产登记机构不予受理。

第八十四条 异议登记期间，不动产登记簿上记载的权利人以及第三人因处分权利申请登记的，不动产登记机构应当书面告知申请人该权利已经存在异议登记的有关事项。申请人申请继续办理的，应当予以办理，但申请人应当提供知悉异议登记存在并自担风险的书面承诺。

第三节 预告登记

第八十五条 有下列情形之一的，当事人可以按照约定申请不动产预告登记：

（一）商品房等不动产预售的；

（二）不动产买卖、抵押的；

（三）以预购商品房设定抵押权的；

（四）法律、行政法规规定的其他情形。

预告登记生效期间，未经预告登记的权利人书面同意，处分该不动产权利申请登记的，不动产登记机构应当不予办理。

预告登记后，债权未消灭且自能够进行相应的不动产登记之日起 3 个月内，当事人申请不动产登记的，不动产登记机构应当按照预告登记事项办理相应的登记。

第八十六条 申请预购商品房的预告登记，应当提交下列材料：

（一）已备案的商品房预售合同；

（二）当事人关于预告登记的约定；

（三）其他必要材料。

预售人和预购人订立商品房买卖合同后，预售人未按照约定与预购人申请预告登记，预购人可以单方申请预告登记。

预购人单方申请预购商品房预告登记，预售人与预购人在商品房预售合同中对预告登记附有条件和期限的，预购人应当提交相应材料。

申请预告登记的商品房已经办理在建建筑物抵押权首次登记的，当事人应当一并申请在建建筑物抵押权注销登记，并提交不动产权属转移材料、不动产登记证明。不动产登记机构应当先办理在建建筑物抵押权注销登记，再办理预告登记。

第八十七条 申请不动产转移预告登记的，当事人应当提交下列材料：

（一）不动产转让合同；

（二）转让方的不动产权属证书；

（三）当事人关于预告登记的约定；

（四）其他必要材料。

第八十八条 抵押不动产，申请预告登记的，当事人应当提交下列材料：

（一）抵押合同与主债权合同；

（二）不动产权属证书；

（三）当事人关于预告登记的约定；

（四）其他必要材料。

第八十九条 预告登记未到期，有下列情形之一的，当事人可以持不动产登记证明、债权消灭或者权利人放弃预告登记的材料，以及法律、行政法规规定的其他必要材料申请注销预告登记：

（一）预告登记的权利人放弃预告登记的；

（二）债权消灭的；

（三）法律、行政法规规定的其他情形。

第四节　查封登记

第九十条 人民法院要求不动产登记机构办理查封登记的，应当提交下列材料：

（一）人民法院工作人员的工作证；

（二）协助执行通知书；

（三）其他必要材料。

第九十一条 两个以上人民法院查封同一不动产的，不动产登记机构应当为先送达协助执行通知书的人民法院办理查封登记，对后送达协助执行通知书的人民法院办理轮候查封登记。

轮候查封登记的顺序按照人民法院协助执行通知书送达不动产登记机构的时间先后进行排列。

第九十二条 查封期间，人民法院解除查封的，不动产登记机构应当及时根据人民法院协助执行通知书注销查封登记。

不动产查封期限届满，人民法院未续封的，查封登记失效。

第九十三条 人民检察院等其他国家有权机关依法要求不动产登记机构办理查封登记的，参照本节规定办理。

第六章 不动产登记资料的查询、保护和利用

第九十四条 不动产登记资料包括：

（一）不动产登记簿等不动产登记结果；

（二）不动产登记原始资料，包括不动产登记申请书、申请人身份材料、不动产权属来源、登记原因、不动产权籍调查成果等材料以及不动产登记机构审核材料。

不动产登记资料由不动产登记机构管理。不动产登记机构应当建立不动产登记资料管理制度以及信息安全保密制度，建设符合不动产登记资料安全保护标准的不动产登记资料存放场所。

不动产登记资料中属于归档范围的，按照相关法律、行政法规的规定进行归档管理，具体办法由自然资源部会同国家档案主管部门另行制定。

第九十五条 不动产登记机构应当加强不动产登记信息化建设，

按照统一的不动产登记信息管理基础平台建设要求和技术标准，做好数据整合、系统建设和信息服务等工作，加强不动产登记信息产品开发和技术创新，提高不动产登记的社会综合效益。

各级不动产登记机构应当采取措施保障不动产登记信息安全。任何单位和个人不得泄露不动产登记信息。

第九十六条 不动产登记机构、不动产交易机构建立不动产登记信息与交易信息互联共享机制，确保不动产登记与交易有序衔接。

不动产交易机构应当将不动产交易信息及时提供给不动产登记机构。不动产登记机构完成登记后，应当将登记信息及时提供给不动产交易机构。

第九十七条 国家实行不动产登记资料依法查询制度。

权利人、利害关系人按照《条例》第二十七条规定依法查询、复制不动产登记资料的，应当到具体办理不动产登记的不动产登记机构申请。

权利人可以查询、复制其不动产登记资料。

因不动产交易、继承、诉讼等涉及的利害关系人可以查询、复制不动产自然状况、权利人及其不动产查封、抵押、预告登记、异议登记等状况。

人民法院、人民检察院、国家安全机关、监察机关等可以依法查询、复制与调查和处理事项有关的不动产登记资料。

其他有关国家机关执行公务依法查询、复制不动产登记资料的，依照本条规定办理。

涉及国家秘密的不动产登记资料的查询，按照保守国家秘密法的有关规定执行。

第九十八条 权利人、利害关系人申请查询、复制不动产登记资料应当提交下列材料：

（一）查询申请书；

（二）查询目的的说明；

（三）申请人的身份材料；

（四）利害关系人查询的，提交证实存在利害关系的材料。

权利人、利害关系人委托他人代为查询的，还应当提交代理人的身份证明材料、授权委托书。权利人查询其不动产登记资料无需提供查询目的的说明。

有关国家机关查询的，应当提供本单位出具的协助查询材料、工作人员的工作证。

第九十九条 有下列情形之一的，不动产登记机构不予查询，并书面告知理由：

（一）申请查询的不动产不属于不动产登记机构管辖范围的；

（二）查询人提交的申请材料不符合规定的；

（三）申请查询的主体或者查询事项不符合规定的；

（四）申请查询的目的不合法的；

（五）法律、行政法规规定的其他情形。

第一百条 对符合本实施细则规定的查询申请，不动产登记机构应当当场提供查询；因情况特殊，不能当场提供查询的，应当在5个工作日内提供查询。

第一百零一条 查询人查询不动产登记资料，应当在不动产登记机构设定的场所进行。

不动产登记原始资料不得带离设定的场所。

查询人在查询时应当保持不动产登记资料的完好，严禁遗失、拆散、调换、抽取、污损登记资料，也不得损坏查询设备。

第一百零二条 查询人可以查阅、抄录不动产登记资料。查询人要求复制不动产登记资料的，不动产登记机构应当提供复制。

查询人要求出具查询结果证明的，不动产登记机构应当出具查询结果证明。查询结果证明应注明查询目的及日期，并加盖不动产登记机构查询专用章。

第七章 法律责任

第一百零三条 不动产登记机构工作人员违反本实施细则规定，

有下列行为之一，依法给予处分；构成犯罪的，依法追究刑事责任：

（一）对符合登记条件的登记申请不予登记，对不符合登记条件的登记申请予以登记；

（二）擅自复制、篡改、毁损、伪造不动产登记簿；

（三）泄露不动产登记资料、登记信息；

（四）无正当理由拒绝申请人查询、复制登记资料；

（五）强制要求权利人更换新的权属证书。

第一百零四条 当事人违反本实施细则规定，有下列行为之一，构成违反治安管理行为的，依法给予治安管理处罚；给他人造成损失的，依法承担赔偿责任；构成犯罪的，依法追究刑事责任：

（一）采用提供虚假材料等欺骗手段申请登记；

（二）采用欺骗手段申请查询、复制登记资料；

（三）违反国家规定，泄露不动产登记资料、登记信息；

（四）查询人遗失、拆散、调换、抽取、污损登记资料的；

（五）擅自将不动产登记资料带离查询场所、损坏查询设备的。

第八章 附 则

第一百零五条 本实施细则施行前，依法核发的各类不动产权属证书继续有效。不动产权利未发生变更、转移的，不动产登记机构不得强制要求不动产权利人更换不动产权属证书。

不动产登记过渡期内，农业部会同自然资源部等部门负责指导农村土地承包经营权的统一登记工作，按照农业部有关规定办理耕地的土地承包经营权登记。不动产登记过渡期后，由自然资源部负责指导农村土地承包经营权登记工作。

第一百零六条 不动产信托依法需要登记的，由自然资源部会同有关部门另行规定。

第一百零七条 军队不动产登记，其申请材料经军队不动产主管部门审核后，按照本实施细则规定办理。

第一百零八条　自然资源部委托北京市规划和自然资源委员会直接办理在京中央国家机关的不动产登记。

在京中央国家机关申请不动产登记时，应当提交《不动产登记暂行条例》及本实施细则规定的材料和有关机关事务管理局出具的不动产登记审核意见。不动产权属资料不齐全的，还应当提交由有关机关事务管理局确认盖章的不动产权属来源说明函。不动产权籍调查由有关机关事务管理局会同北京市规划和自然资源委员会组织进行的，还应当提交申请登记不动产单元的不动产权籍调查资料。

北京市规划和自然资源委员会办理在京中央国家机关不动产登记时，应当使用自然资源部制发的“自然资源部不动产登记专用章”。

第一百零九条　本实施细则自公布之日起施行。

不动产登记操作规范（试行）

（2016 年 5 月 30 日　国土资规〔2016〕6 号）

总　　则

1　一般规定

1.1　总体要求

1.1.1　为规范不动产登记行为，保护不动产权利人合法权益，根据《不动产登记暂行条例》（简称《条例》）《不动产登记暂行条例实施细则》（简称《实施细则》），制定本规范。

1.1.2　不动产登记机构应严格贯彻落实《物权法》《条例》以及《实施细则》的规定，依法确定申请人申请登记所需材料的种类和范围，并将所需材料目录在不动产登记机构办公场所和门户网站公布。不动产登记机构不得随意扩大登记申请材料的种类和范围，法律、行政法规以及《实施细则》没有规定的材料，不得作为登记申请材料。

1.1.3 申请人的申请材料应当依法提供原件，不动产登记机构可以依据实时互通共享取得的信息，对申请材料进行核对。能够通过部门间实时共享取得相关材料原件的，不得要求申请人重复提交。

1.1.4 不动产登记机构应严格按照法律、行政法规要求，规范不动产登记申请、受理、审核、登簿、发证等环节，严禁随意拆分登记职责，确保不动产登记流程和登记职责的完整性。

没有法律、行政法规以及《实施细则》依据而设置的前置条件，不动产登记机构不得将其纳入不动产登记的业务流程。

1.1.5 不动产登记过渡期内，农业部会同国土资源部等部门负责指导农村土地承包经营权的统一登记工作，按照农业部有关规定办理耕地的土地承包经营权登记。耕地以外的承包经营权登记、国有农用地的使用权登记和森林、林木所有权登记，按照《条例》《实施细则》的有关规定办理。本规范不再另行规定。

1.2 登记原则

1.2.1 依申请登记原则

不动产登记应当依照当事人的申请进行，但下列情形除外：

1. 不动产登记机构依据人民法院、人民检察院等国家有权机关依法作出的嘱托文件直接办理登记的；

2. 不动产登记机构依据法律、行政法规或者《实施细则》的规定依职权直接登记的。

1.2.2 一体登记原则

房屋等建筑物、构筑物所有权和森林、林木等定着物所有权登记应当与其所附着的土地、海域一并登记，保持权利主体一致。

土地使用权、海域使用权首次登记、转移登记、抵押登记、查封登记的，该土地、海域范围内符合登记条件的房屋等建筑物、构筑物所有权和森林、林木等定着物所有权应当一并登记。

房屋等建筑物、构筑物所有权和森林、林木等定着物所有权首次登记、转移登记、抵押登记、查封登记的，该房屋等建筑物、构筑物和森林、林木等定着物占用范围内的土地使用权、海域使用权应当一并登记。

1.2.3 连续登记原则

未办理不动产首次登记的，不得办理不动产其他类型登记，但下列情形除外：

1. 预购商品房预告登记、预购商品房抵押预告登记的；
2. 在建建筑物抵押权登记的；
3. 预查封登记的；
4. 法律、行政法规规定的其他情形。

1.2.4 属地登记原则

1. 不动产登记由不动产所在地的县级人民政府不动产登记机构办理，直辖市、设区的市人民政府可以确定本级不动产登记机构统一办理所属各区的不动产登记。

跨行政区域的不动产登记，由所跨行政区域的不动产登记机构分别办理。

不动产单元跨行政区域且无法分别办理的，由所跨行政区域的不动产登记机构协商办理；协商不成的，由先受理登记申请的不动产登记机构向共同的上一级人民政府不动产登记主管部门提出指定办理申请。

不动产登记机构经协商确定或者依指定办理跨行政区域不动产登记的，应当在登记完毕后将不动产登记簿记载的不动产权利人以及不动产坐落、界址、总面积、跨区域面积、用途、权利类型等登记结果书面告知不动产所跨区域的其他不动产登记机构；

2. 国务院确定的重点国有林区的森林、林木和林地的登记，由国土资源部受理并会同有关部门办理，依法向权利人核发不动产权属证书。

3. 国务院批准的项目用海、用岛的登记，由国土资源部受理，依法向权利人核发不动产权属证书。

4. 中央国家机关使用的国有土地等不动产登记，依照国土资源部《在京中央国家机关用地土地登记办法》等规定办理。

1.3 不动产单元

1.3.1 不动产单元

不动产登记应当以不动产单元为基本单位进行登记。不动产单元是指权属界线封闭且具有独立使用价值的空间。独立使用价值的空间应当足以实现相应的用途，并可以独立利用。

1. 没有房屋等建筑物、构筑物以及森林、林木定着物的，以土地、海域权属界线封闭的空间为不动产单元。

2. 有房屋等建筑物以及森林、林木定着物的，以该房屋等建筑物以及森林、林木定着物与土地、海域权属界线封闭的空间为不动产单元。

3. 有地下车库、商铺等具有独立使用价值的特定空间或者码头、油库、隧道、桥梁等构筑物的，以该特定空间或者构筑物与土地、海域权属界线封闭的空间为不动产单元。

1.3.2 不动产单元编码

不动产单元应当按照《不动产单元设定与代码编制规则》（试行）的规定进行设定与编码。不动产登记机构（国土资源主管部门）负责本辖区范围内的不动产单元代码编制、变更与管理工作，确保不动产单元编码的唯一性。

1.4 不动产权籍调查

1.4.1 不动产登记申请前，需要进行不动产权籍调查的，应当依据不动产权籍调查相关技术规定开展不动产权籍调查。不动产权籍调查包括不动产权属调查和不动产测量。

1. 申请人申请不动产首次登记前，应当以宗地、宗海为基础，以不动产单元为基本单位，开展不动产权籍调查。其中，政府组织开展的集体土地所有权、宅基地使用权、集体建设用地使用权、土地承包经营权的首次登记所需的不动产权籍调查成果，由人民政府有关部门组织获取。

2. 申请人申请不动产变更、转移等登记，不动产界址未发生变化的，可以沿用原不动产权籍调查成果；不动产界址发生变化，或界址无变化但未进行过权籍调查或无法提供不动产权籍调查成果的，应当补充或重新开展不动产权籍调查。

3. 前期行业管理中已经产生或部分产生，并经行业主管部门或其授权机构确认的，符合不动产登记要求的不动产权籍调查成果，可继续沿用。

1.4.2 不动产登记机构（国土资源主管部门）应当加强不动产权籍调查成果确认工作，结合日常登记实时更新权籍调查数据库，确保不动产权籍调查数据的现势、有效和安全。

1.5 不动产登记簿

1.5.1 不动产登记簿介质

不动产登记簿应当采取电子介质，并具有唯一、确定的纸质转化形式。暂不具备条件的，可以采用纸质介质。

不动产登记机构应当配备专门的不动产登记电子存储设施，采取信息网络安全防护措施，保证电子数据安全，并定期进行异地备份。

1.5.2 建立不动产登记簿

不动产登记簿由不动产登记机构建立。不动产登记簿应当以宗地、宗海为单位编制，一宗地或者一宗海范围内的全部不动产编入一个不动产登记簿。宗地或宗海权属界线发生变化的，应当重新建簿，并实现与原不动产登记簿关联。

1. 一个不动产单元有两个以上不动产权利或事项的，在不动产登记簿中分别按照一个权利类型或事项设置一个登记簿页；

2. 一个登记簿页按登簿时间的先后依次记载该权利或事项的相关内容。

1.5.3 更正不动产登记簿

不动产登记机构应当依法对不动产登记簿进行记载、保存和重建，不得随意更改。有证据证实不动产登记簿记载的事项确实存在错误的，应当依法进行更正登记。

1.5.4 管理和保存不动产登记簿

不动产登记簿由不动产登记机构负责管理，并永久保存。

1.6 不动产权证书和不动产登记证明

1.6.1 不动产权证书和不动产登记证明的格式

不动产权证书和不动产登记证明由国土资源部统一制定样式、统一监制、统一编号规则。不动产权证书和不动产登记证明的印制、发行、管理和质量监督工作由省级国土资源主管部门负责。

不动产权证书和不动产登记证明应当一证一号，更换证书和证明应当更换号码。

有条件的地区，不动产登记机构可以采用印制二维码等防伪手段。

1.6.2 不动产权证书的版式

不动产权证书分单一版和集成版两个版式。不动产登记原则上按一个不动产单元核发一本不动产权证书，采用单一版版本。农村集体经济组织拥有多个建设用地使用权或一户拥有多个土地承包经营权的，可以将其集中记载在一本集成版的不动产权证书，一本证书可以记载一个权利人在同一登记辖区内享有的多个不动产单元上的不动产权利。

1.6.3 不动产权证书和不动产登记证明的换发、补发、注销

不动产权证书和不动产登记证明换发、补发、注销的，原证号废止。换发、补发的新不动产权证书或不动产登记证明应当更换号码，并在不动产权证书或者不动产登记证明上注明“换发”“补发”字样。

1.6.3.1 不动产权证书或者不动产登记证明破损、污损、填制错误的，当事人可以向不动产登记机构申请换发。符合换发条件的，不动产登记机构应当收回并注销原不动产权证书或者不动产登记证明，并将有关事项记载于不动产登记簿后，向申请人换发新的不动产权证书或者不动产登记证明，并注明“换发”字样。

1.6.3.2 不动产权证书或者不动产登记证明遗失、灭失，不动产权利人申请补发的，由不动产登记机构在其门户网站上刊发不动产权利人的遗失、灭失声明，15 个工作日后，打印一份遗失、灭失声明页面存档，并将有关事项记载于不动产登记簿，向申请人补发新的不动产权证书或者不动产登记证明，并注明“补发”字样。

1.6.3.3 不动产被查封、抵押或存在异议登记、预告登记的，不影响不动产权证书和不动产登记证明的换发或补发。

1.6.4 不动产权证书和不动产登记证明的生效

不动产权证书和不动产登记证明应当按照不动产登记簿缮写，

在加盖不动产登记机构不动产登记专用章后生效。

1.6.5 不动产权证书和不动产登记证明的管理

不动产登记机构应当加强对不动产权证书和不动产登记证明的管理，建立不动产权证书和不动产登记证明管理台账，采取有效措施防止空白、作废的不动产权证书和不动产登记证明外流、遗失。

1.7 登记的一般程序

1.7.1 依申请登记程序

依申请的不动产登记应当按下列程序进行：

（一）申请；

（二）受理；

（三）审核；

（四）登簿。

不动产登记机构完成登记后，应当依据法律、行政法规规定向申请人发放不动产权证书或者不动产登记证明。

1.7.2 依嘱托登记程序

依据人民法院、人民检察院等国家有权机关出具的相关嘱托文件办理不动产登记的，按下列程序进行：

（一）嘱托；

（二）接受嘱托；

（三）审核；

（四）登簿。

1.7.3 依职权登记程序

不动产登记机构依职权办理不动产登记事项的，按下列程序进行：

（一）启动；

（二）审核；

（三）登簿。

1.8 登记申请材料的一般要求

1.8.1 申请材料应当齐全，符合要求，申请人应当对申请材料的真实性负责，并做出书面承诺。

1.8.2　申请材料格式

1.8.2.1　申请材料应当提供原件。因特殊情况不能提供原件的，可以提交该材料的出具机构或职权继受机构确认与原件一致的复印件。

不动产登记机构留存复印件的，应经不动产登记机构工作人员比对后，由不动产登记机构工作人员签字并加盖原件相符章。

1.8.2.2　申请材料形式应当为纸质介质，申请书纸张和尺寸宜符合下列规定：

1. 采用韧性大、耐久性强、可长期保存的纸质介质；

2. 幅面尺寸为国际标准 297mm × 210mm（A4 纸）。

1.8.2.3　填写申请材料应使用黑色钢笔或签字笔，不得使用圆珠笔、铅笔。因申请人填写错误确需涂改的，需由申请人在涂改处签字（或盖章）确认。

1.8.2.4　申请材料所使用文字应符合下列规定：

1. 申请材料应使用汉字文本。少数民族自治区域内，可选用本民族或本自治区域内通用文字；

2. 少数民族文字文本的申请材料在非少数民族聚居或者多民族共同居住地区使用，应同时附汉字文本；

3. 外文文本的申请材料应当翻译成汉字译本，当事人应签字确认，并对汉字译本的真实性负责。

1.8.2.5　申请材料中的申请人（代理人）姓名或名称应符合下列规定：

1. 申请人（代理人）应使用身份证明材料上的汉字姓名或名称。

2. 当使用汉字译名时，应在申请材料中附记其身份证明记载的姓名或名称。

1.8.2.6　申请材料中涉及数量、日期、编号的，宜使用阿拉伯数字。涉及数量有计量单位的，应当填写与计量单位口径一致的数值。

1.8.2.7　当申请材料超过一页时，应按 1、2、3……顺序排序，并宜在每页标注页码。

1.8.2.8 申请材料传递过程中，可将其合于左上角封牢。补充申请材料应按同种方式另行排序封卷，不得拆开此前已封卷的资料直接添加。

1.8.3 不动产登记申请书

1.8.3.1 申请人申请不动产登记，应当如实、准确填写不动产登记机构制定的不动产登记申请书。申请人为自然人的，申请人应当在不动产登记申请书上签字；申请人为法人或其他组织的，申请人应当在不动产登记申请书上盖章。自然人委托他人申请不动产登记的，代理人应在不动产登记申请书上签字；法人或其他组织委托他人申请不动产登记的，代理人应在不动产登记申请书上签字，并加盖法人或其他组织的公章。

1.8.3.2 共有的不动产，申请人应当在不动产登记申请书中注明共有性质。按份共有不动产的，应明确相应具体份额，共有份额宜采取分数或百分数表示。

1.8.3.3 申请不动产登记的，申请人或者其代理人应当向不动产登记机构提供有效的联系方式。申请人或者其代理人的联系方式发生变动的，应当书面告知不动产登记机构。

1.8.4 身份证明材料

1.8.4.1 申请人申请不动产登记，提交下列相应的身份证明材料：

1. 境内自然人：提交居民身份证或军官证、士官证；身份证遗失的，应提交临时身份证。未成年人可以提交居民身份证或户口簿；

2. 香港、澳门特别行政区自然人：提交香港、澳门特别行政区居民身份证、护照，或者来往内地通行证；

3. 台湾地区自然人：提交台湾居民来往大陆通行证；

4. 华侨：提交中华人民共和国护照和国外长期居留身份证件；

5. 外籍自然人：中国政府主管机关签发的居留证件，或者其所在国护照；

6. 境内法人或其他组织：营业执照，或者组织机构代码证，或者其他身份登记证明；

7. 香港特别行政区、澳门特别行政区、台湾地区的法人或其他组织：提交其在境内设立分支机构或代表机构的批准文件和注册证明；

8. 境外法人或其他组织：提交其在境内设立分支机构或代表机构的批准文件和注册证明。

1.8.4.2 已经登记的不动产，因其权利人的名称、身份证明类型或者身份证明号码等内容发生变更的，申请人申请办理该不动产的登记事项时，应当提供能够证实其身份变更的材料。

1.8.5 法律文书

1.8.5.1 申请人提交的人民法院裁判文书、仲裁委员会裁决书应当为已生效的法律文书。提交一审人民法院裁判文书的，应当同时提交人民法院出具的裁判文书已经生效的证明文件等相关材料，即时生效的裁定书、经双方当事人签字的调解书除外。

1.8.5.2 香港特别行政区、澳门特别行政区、台湾地区形成的司法文书，应经境内不动产所在地中级人民法院裁定予以承认或执行。香港特别行政区形成的具有债权款项支付的民商事案件除外。

1.8.5.3 外国司法文书应经境内不动产所在地中级人民法院按国际司法协助的方式裁定予以承认或执行。

1.8.5.4 需要协助执行的生效法律文书应当由该法律文书作出机关的工作人员送达，送达时应当提供工作证件和执行公务的证明文件。人民法院直接送达法律文书有困难的，可以委托其他法院代为送达。

香港特别行政区、澳门特别行政区、台湾地区的公证文书以及与我国有外交关系的国家出具的公证文书按照司法部等国家有关规定进行认证与转递。

1.8.6 继承、受遗赠的不动产登记

因继承、受遗赠取得不动产申请登记的，申请人提交经公证的材料或者生效的法律文书的，按《条例》《实施细则》的相关规定办理登记。申请人不提交经公证的材料或者生效的法律文书，可以按照下列程序办理：

1.8.6.1 申请人提交的申请材料包括：

1. 所有继承人或受遗赠人的身份证、户口簿或其它身份证明；

2. 被继承人或遗赠人的死亡证明，包括医疗机构出具的死亡证明；公安机关出具的死亡证明或者注明了死亡日期的注销户口证明；人民法院宣告死亡的判决书；其他能够证明被继承人或受遗赠人死亡的材料等；

3. 所有继承人或受遗赠人与被继承人或遗赠人之间的亲属关系证明，包括户口簿、婚姻证明、收养证明、出生医学证明，公安机关以及村委会、居委会、被继承人或继承人单位出具的证明材料，其他能够证明相关亲属关系的材料等；

4. 放弃继承的，应当在不动产登记机构办公场所，在不动产登记机构人员的见证下，签署放弃继承权的声明；

5. 继承人已死亡的，代位继承人或转继承人可参照上述材料提供；

6. 被继承人或遗赠人享有不动产权利的材料；

7. 被继承人或遗赠人生前有遗嘱或者遗赠扶养协议的，提交其全部遗嘱或者遗赠扶养协议；

8. 被继承人或遗赠人生前与配偶有夫妻财产约定的，提交书面约定协议。

1.8.6.2 受理登记前应由全部法定继承人或受遗赠人共同到不动产所在地的不动产登记机构进行继承材料查验。不动产登记机构应重点查验当事人的身份是否属实、当事人与被继承人或遗赠人的亲属关系是否属实、被继承人或遗赠人有无其他继承人、被继承人或遗赠人和已经死亡的继承人或受遗赠人的死亡事实是否属实、被继承人或遗赠人生前有无遗嘱或者遗赠扶养协议、申请继承的遗产是否属于被继承人或遗赠人个人所有等，并要求申请人签署继承（受遗赠）不动产登记具结书。不动产登记机构可以就继承人或受遗赠人是否齐全、是否愿意接受或放弃继承、就不动产继承协议或遗嘱内容及真实性是否有异议、所提交的资料是否真实等内容进行询问，并做好记录，由全部相关人员签字确认。

1.8.6.3 经查验或询问，符合本规范 3.5.1 规定的受理条件的，不动产登记机构应当予以受理。

1.8.6.4 受理后，不动产登记机构应按照本规范第 4 章的审核规则进行审核。认为需要进一步核实情况的，可以发函给出具证明材料的单位、被继承人或遗赠人原所在单位或居住地的村委会、居委会核实相关情况。

1.8.6.5 对拟登记的不动产登记事项在不动产登记机构门户网站进行公示，公示期不少于 15 个工作日。公示期满无异议的，将申请登记事项记载于不动产登记簿。

1.9 代理

1.9.1 受托人代为申请

申请人委托代理人申请不动产登记的，代理人应当向不动产登记机构提交申请人身份证明、授权委托书及代理人的身份证明。授权委托书中应当载明代理人的姓名或者名称、代理事项、权限和期间，并由委托人签名或者盖章。

1. 自然人处分不动产的，可以提交经公证的授权委托书；授权委托书未经公证的，申请人应当在申请登记时，与代理人共同到不动产登记机构现场签订授权委托书；

2. 境外申请人处分不动产的，其授权委托书应当经公证或者认证；

3. 代理人为两人或者两人以上，代为处分不动产的，全部代理人应当共同代为申请，但另有授权的除外。

1.9.2 监护人代为申请

无民事行为能力人、限制民事行为能力人申请不动产登记的，应当由其监护人代为申请。监护人应当向不动产登记机构提交申请人身份证明、监护关系证明及监护人的身份证明，以及被监护人为无民事行为能力人、限制民事行为能力人的证明材料。处分被监护人不动产申请登记的，还应当出具为被监护人利益而处分不动产的书面保证。

监护关系证明材料可以是户口簿、监护关系公证书、出生医学证明，或所在单位、居民委员会、村民委员会或人民法院指定监护人的证明材料。父母之外的监护人处分未成年人不动产的，有关监护关系材料可以是人民法院指定监护的法律文书、监护人对被监护人享有监护权的公证材料或者其他材料。

1.10 其他

1.10.1 一并申请

符合以下情形之一的，申请人可以一并申请。申请人一并申请的，不动产登记机构应当一并受理，就不同的登记事项依次分别记载于不动产登记簿的相应簿页。

1. 预购商品房预告登记与预购商品房抵押预告登记；

2. 预购商品房预告登记转房屋所有权登记与预购商品房抵押预告登记转抵押权登记；

3. 建筑物所有权首次登记与在建建筑物抵押权登记转建筑物抵押权登记；

4. 不动产变更登记导致抵押权变更的，不动产变更登记与抵押权变更登记；

5. 不动产变更、转移登记致使地役权变更、转移的，不动产变更登记、转移登记与地役权变更、转移登记；

6. 不动产坐落位置等自然状况发生变化的，可以与前述情形发生后申请办理的登记一并办理；

7. 本规范规定以及不动产登记机构认为可以合并办理的其他情形。

已办理首次登记的不动产，申请人因继承、受遗赠，或者人民法院、仲裁委员会的生效法律文书取得该不动产但尚未办理转移登记，又因继承、受遗赠，或者人民法院、仲裁委员会的生效法律文书导致不动产权利转移的，不动产登记机构办理后续登记时，应当将之前转移登记的事实在不动产登记簿的附记栏中记载。

1.10.2 撤回申请

申请登记事项在记载于不动产登记簿之前，全体登记申请人可共同申请撤回登记申请；部分登记申请人申请撤回登记申请的，不动产登记机构不予受理。

1.10.2.1 申请人申请撤回登记申请，应当向不动产登记机构提交下列材料：

1. 不动产登记申请书；

2. 申请人身份证明；

3. 原登记申请受理凭证。

1.10.2.2 不动产登记机构应当在收到撤回申请时查阅不动产登记簿，当事人申请撤回的登记事项已经在不动产登记簿记载的，不予撤回；未在不动产登记簿上记载的，应当准予撤回，原登记申请材料在作出准予撤回的3个工作日内通知当事人取回申请材料。

1.10.3 申请材料退回

1. 不动产登记机构准予撤回登记申请的，申请人应及时取回原登记申请材料，取回材料的清单应当由申请人签字确认。撤回登记申请的材料、取回材料的清单应一并归档保留。

2. 不动产登记机构决定不予登记的，不动产登记机构应当制作不予登记告知书、退回登记申请材料清单，由申请人签字确认后，将登记申请材料退还申请人。不动产登记机构应当留存申请材料复印件、退回登记申请材料清单、相关告知书的签收文件。

申请人应当自接到不予登记书面告知之日起30个工作日内取回申请材料。取回申请材料自申请人收到上述书面告知之日起，最长不得超过6个月。在取回申请材料期限内，不动产登记机构应当妥善保管该申请材料；逾期不取回的，不动产登记机构不负保管义务。

1.10.4 不动产登记机构内部管理机制

不动产登记机构应当建立与不动产登记风险相适宜的内部管理机制。

1.10.4.1 不动产登记机构应当依据登记程序和管理需要合理设置登记岗位。

1. 不动产登记的审核、登簿应当由与其岗位相适应的不动产登记工作人员负责。

2. 不动产登记机构宜建立不动产登记风险管理制度，设置登记质量管理岗位负责登记质量检查、监督和登记风险评估、控制工作。

1.10.4.2 不动产登记机构可以建立不动产登记会审制度，会审管辖范围内的不动产登记重大疑难事项。

1.10.4.3 不动产登记机构宜根据相关业务规则，通过信息化手段对相互冲突的业务进行限制或者提醒，以降低登记风险。

1.10.4.4 不动产登记机构宜通过以下方式对登记业务中发现的已失效的查封登记和异议登记进行有效管理：采用电子登记簿的，查封登记或者异议登记失效后，宜在信息系统中及时解除相应的控制或者提醒，注明相应的法律依据；采用纸质登记簿的，查封登记或者异议登记失效后，宜在不动产登记簿附记中注明相应的法律依据。

2 申请

2.1.1 申请是指申请人根据不同的申请登记事项，到不动产登记机构现场向不动产登记机构提交登记申请材料办理不动产登记的行为。①

2.1.2 单方申请

属于下列情形之一的，可以由当事人单方申请：

1. 尚未登记的不动产申请首次登记的；

2. 继承、受遗赠取得不动产权利的；

3. 人民法院、仲裁委员会生效的法律文书或者人民政府生效的决定等设立、变更、转让、消灭不动产权利的；

4. 下列不涉及不动产权利归属的变更登记：

（1）不动产权利人姓名、名称、身份证明类型或者身份证明号码发生变更的；

（2）不动产坐落、界址、用途、面积等状况发生变化的；

（3）同一权利人分割或者合并不动产的；

（4）土地、海域使用权期限变更的。

5. 不动产灭失、不动产权利消灭或者权利人放弃不动产权利，

---

① 根据《国务院关于修改部分行政法规的决定》（中华人民共和国国务院令第710号），《不动产登记暂行条例》中办理主体需到现场办理事项已被修改。

权利人申请注销登记的；

6. 异议登记；

7. 更正登记；

8. 预售人未按约定与预购人申请预购商品房预告登记，预购人申请预告登记的；

9. 法律、行政法规规定的其他情形。

2.1.3 共同申请

共有不动产的登记，应当由全体共有人共同申请。

按份共有人转让、抵押其享有的不动产份额，应当与受让人或者抵押权人共同申请。受让人是共有人以外的人的，还应当提交其他共有人同意的书面材料。

属于下列情形之一的，可以由部分共有人申请：

1. 处分按份共有的不动产，可以由占份额三分之二以上的按份共有人共同申请，但不动产登记簿记载共有人另有约定的除外；

2. 共有的不动产因共有人姓名、名称发生变化申请变更登记的，可以由姓名、名称发生变化的权利人申请；

3. 不动产的坐落、界址、用途、面积等自然状况发生变化的，可以由共有人中的一人或多人申请。

2.1.4 业主共有的不动产

建筑区划内依法属于业主共有的道路、绿地、其他公共场所、公用设施和物业服务用房及其占用范围内的建设用地使用权，在办理国有建设用地使用权及房屋所有权首次登记时由登记申请人一并申请登记为业主共有。

2.1.5 到场申请

申请不动产登记，申请人本人或者其代理人应当到不动产登记机构办公场所提交申请材料并接受不动产登记机构工作人员的询问。

具备技术条件的不动产登记机构，应当留存当事人到场申请的照片；具备条件的，也可以按照当事人申请留存当事人指纹或设定密码。

3 受理

受理是指不动产登记机构依法查验申请主体、申请材料，询问登记事项、录入相关信息、出具受理结果等工作的过程。

3.1 查验登记范围

不动产登记机构应查验申请登记的不动产是否属于本不动产登记机构的管辖范围；不动产权利是否属于《条例》《实施细则》规定的不动产权利；申请登记的类型是否属于《条例》《实施细则》规定的登记类型。

3.2 查验申请主体

3.2.1 不动产登记机构应当查验申请事项应当由双方共同申请还是可以单方申请，应当由全体共有人申请还是可以由部分共有人申请。

3.2.2 查验身份证明

申请人与其提交的身份证明指向的主体是否一致：

1. 通过身份证识别器查验身份证是否真实；

2. 护照、港澳通行证、台湾居民来往大陆通行证等其他身份证明类型是否符合要求；

3. 非自然人申请材料上的名称、印章是否与身份证明材料上的名称、印章一致。

3.2.3 查验申请材料形式

3.2.3.1 不动产登记机构应当查验申请人的身份证明材料规格是否符合本规范第1.7节的要求；

3.2.3.2 自然人处分不动产，委托代理人代为申请登记，其授权委托书未经公证的，不动产登记机构工作人员应当按下列要求进行见证：

1. 授权委托书的内容是否明确，本登记事项是否在其委托范围内；

2. 按本规范3.2.2的要求核验当事人双方的身份证明；

3. 由委托人在授权委托书上签字；

4. 不动产登记机构工作人员在授权委托书上签字见证。

具备技术条件的不动产登记机构应当留存见证过程的照片。

3.3 查验书面申请材料

3.3.1 查验申请材料是否齐全

不动产登记机构应当查验当事人提交的申请材料是否齐全，相互之间是否一致；不齐全或不一致的，应当要求申请人进一步提交材料。

3.3.2 查验申请材料是否符合法定形式

3.3.2.1 不动产登记机构应当查验申请人的其他申请材料规格是否符合本规范第1.8节的要求；有关材料是否由有权部门出具，是否在规定的有效期限内，签字和盖章是否符合规定。

3.3.2.2 不动产登记机构应当查验不动产权证书或者不动产登记证明是否真实、有效。对提交伪造、变造、无效的不动产权证书或不动产登记证明的，不动产登记机构应当依法予以收缴。属于伪造、变造的，不动产登记机构还应及时通知公安部门。

3.3.3 申请材料确认

申请人应当采取下列方式对不动产登记申请书、询问记录及有关申请材料进行确认：

1. 自然人签名或摁留指纹。无民事行为能力人或者限制民事行为能力人由监护人签名或摁留指纹；没有听写能力的，摁留指纹确认。

2. 法人或者其他组织加盖法人或者其他组织的印章。

3.4 询问

3.4.1 询问内容

不动产登记机构工作人员应根据不同的申请登记事项询问申请人以下内容，并制作询问记录，以进一步了解有关情况：

1. 申请登记的事项是否是申请人的真实意思表示；

2. 申请登记的不动产是否存在共有人；

3. 存在异议登记的，申请人是否知悉存在异议登记的情况；

4. 不动产登记机构需要了解的其他与登记有关的内容。

3.4.2 询问记录

询问记录应当由询问人、被询问人签名确认。

1. 因处分不动产申请登记且存在异议登记的，受让方应当签署已知悉存在异议登记并自行承担风险的书面承诺；

2. 不动产登记机构应当核对询问记录与申请人提交的申请登记材料、申请登记事项之间是否一致。

3.5 受理结果

3.5.1 受理条件

经查验或询问，符合下列条件的，不动产登记机构应当予以受理：

1. 申请登记事项在本不动产登记机构的登记职责范围内；

2. 申请材料形式符合要求；

3. 申请人与依法应当提交的申请材料记载的主体一致；

4. 申请登记的不动产权利与登记原因文件记载的不动产权利一致；

5. 申请内容与询问记录不冲突；

6. 法律、行政法规等规定的其他条件。

不动产登记机构对不符合受理条件的，应当当场书面告知不予受理的理由，并将申请材料退回申请人。

3.5.2 受理凭证

不动产登记机构予以受理的，应当即时制作受理凭证，并交予申请人作为领取不动产权证书或不动产登记证明的凭据。受理凭证上记载的日期为登记申请受理日。

不符合受理条件的，不动产登记机构应当当场向申请人出具不予受理告知书。告知书一式二份，一份交申请人，一份由不动产登记机构留存。

3.5.3 材料补正

申请人提交的申请材料不齐全或者不符合法定形式的，不动产登记机构应当当场书面告知申请人不予受理并一次性告知需要补正的全部内容。告知书一式二份，经申请人签字确认后一份交当事人，一份由不动产登记机构留存。

4 审核

4.1 适用

4.1.1 审核是指不动产登记机构受理申请人的申请后，根据申请登记事项，按照有关法律、行政法规对申请事项及申请材料做进一步审查，并决定是否予以登记的过程。

4.1.2 不动产登记机构应进一步审核上述受理环节是否按照本规范的要求对相关事项进行了查验、询问等。对于在登记审核中发现需要进一步补充材料的，不动产登记机构应当要求申请人补全材料，补全材料所需时间不计算在登记办理期限内。

4.2 书面材料审核

4.2.1 进一步审核申请材料，必要时应当要求申请人进一步提交佐证材料或向有关部门核查有关情况。

1. 申请人提交的人民法院、仲裁委员会的法律文书，具备条件的，不动产登记机构可以通过相关技术手段查验法律文书编号、人民法院以及仲裁委员会的名称等是否一致，查询结果需打印、签字及存档；不一致或无法核查的，可进一步向出具法律文书的人民法院或者仲裁委员会进行核实或要求申请人提交其他具有法定证明力的文件。

2. 对已实现信息共享的其他申请材料，不动产登记机构可根据共享信息对申请材料进行核验；尚未实现信息共享的，应当审核其内容和形式是否符合要求。必要时，可进一步向相关机关或机构进行核实，或要求申请人提交其他具有法定证明力的文件。

4.2.2 法律、行政法规规定的完税或者缴费凭证是否齐全。对已实现信息共享的，不动产登记机构应当通过相关方式对完税或者缴费凭证进行核验。必要时，可进一步向税务机关或者出具缴费凭证的相关机关进行核实，或者要求申请人提交其他具有法定证明力的文件。

4.2.3 不动产登记机构应当查验不动产界址、空间界限、面积等不动产权籍调查成果是否完备，权属是否清楚、界址是否清晰、面积是否准确。

4.2.4 不动产存在异议登记或者设有抵押权、地役权或被查封的，因权利人姓名或名称、身份证明类型及号码、不动产坐落发生变化而申请的变更登记，可以办理。因通过协议改变不动产的面积、用途、权利期限等内容申请变更登记，对抵押权人、地役权人产生不利影响的，应当出具抵押权人、地役权人同意变更的书面材料。

4.3 查阅不动产登记簿

除尚未登记的不动产首次申请登记的，不动产登记机构应当通过查阅不动产登记簿的记载信息，审核申请登记事项与不动产登记簿记载的内容是否一致。

1. 申请人与不动产登记簿记载的权利人是否一致；

2. 申请人提交的登记原因文件与登记事项是否一致；

3. 申请人申请登记的不动产与不动产登记簿的记载是否一致；

4. 申请登记事项与不动产登记簿记载的内容是否一致；

5. 不动产是否存在抵押、异议登记、预告登记、预查封、查封等情形。

不动产登记簿采用电子介质的，查阅不动产登记簿时以已经形成的电子登记簿为依据。

4.4 查阅登记原始资料

经查阅不动产登记簿，不动产登记机构认为仍然需要查阅原始资料确认申请登记事项的，应当查阅不动产登记原始资料，并决定是否予以继续办理。

4.5 实地查看

4.5.1 适用情形和查看内容

属于下列情形之一的，不动产登记机构可以对申请登记的不动产进行实地查看：

1. 房屋等建筑物、构筑物所有权首次登记，查看房屋坐落及其建造完成等情况；

2. 在建建筑物抵押权登记，查看抵押的在建建筑物坐落及其建造等情况；

3. 因不动产灭失申请的注销登记，查看不动产灭失等情况；

4. 不动产登记机构认为需要实地查看的其他情形。

4.5.2 查看要求

实地查看应由不动产登记机构工作人员参加，查看人员应对查看对象拍照，填写实地查看记录。现场照片及查看记录应归档。

4.6 调查

对可能存在权属争议，或者可能涉及他人利害关系的登记申请，不动产登记机构可以向申请人、利害关系人或者有关单位进行调查。不动产登记机构进行调查时，申请人、被调查人应当予以配合。

4.7 公告

4.7.1 不动产首次登记公告

4.7.1.1 除涉及国家秘密外，政府组织的集体土地所有权登记，以及宅基地使用权及房屋所有权，集体建设用地使用权及建筑物、构筑物所有权，土地承包经营权等不动产权利的首次登记，不动产登记机构应当在记载于不动产登记簿前进行公告。公告主要内容包括：申请人的姓名或者名称；不动产坐落、面积、用途、权利类型等；提出异议的期限、方式和受理机构；需要公告的其他事项。

4.7.1.2 不动产首次登记公告由不动产登记机构在其门户网站以及不动产所在地等指定场所进行，公告期不少于15个工作日。

4.7.1.3 公告期满无异议的，不动产登记机构应当将登记事项及时记载于不动产登记簿。公告期间，当事人对公告有异议的，应当在提出异议的期限内以书面方式到不动产登记机构的办公场所提出异议，并提供相关材料，不动产登记机构应当按下列程序处理：

（一）根据现有材料异议不成立的，不动产登记机构应当将登记事项及时记载于不动产登记簿。

（二）异议人有明确的权利主张，提供了相应的证据材料，不动产登记机构应当不予登记，并告知当事人通过诉讼、仲裁等解决权属争议。

4.7.2 依职权登记公告

不动产登记机构依职权办理登记的，不动产登记机构应当在记载于不动产登记簿前在其门户网站以及不动产所在地等指定场所进行公告，公告期不少于15个工作日。公告期满无异议或者异议不成立的，不动产登记机构应当将登记事项及时记载于不动产登记簿。

4.7.3 不动产权证书或者不动产登记证明作废公告

因不动产权利灭失等情形，无法收回不动产权证书或者不动产登记证明的，在登记完成后，不动产登记机构应当在其门户网站或者当地公开发行的报刊上公告作废。

4.8 审核结果

4.8.1 审核后，审核人员应当做出予以登记或不予登记的明确意见。

4.8.2 经审核，符合登记条件的，不动产登记机构应当予以登记。有下列情形之一的，不动产登记机构不予登记并书面通知申请人：

1. 申请人未按照不动产登记机构要求进一步补充材料的；

2. 申请人、委托代理人身份证明材料以及授权委托书与申请人不一致的；

3. 申请登记的不动产不符合不动产单元设定条件的；

4. 申请登记的事项与权属来源材料或者登记原因文件不一致的；

5. 申请登记的事项与不动产登记簿的记载相冲突的；

6. 不动产存在权属争议的，但申请异议登记除外；

7. 未依法缴纳土地出让价款、土地租金、海域使用金或者相关税费的；

8. 申请登记的不动产权利超过规定期限的；

9. 不动产被依法查封期间，权利人处分该不动产申请登记的；

10. 未经预告登记权利人书面同意，当事人处分该不动产申请登记的；

11. 法律、行政法规规定的其他情形。

5 登簿

5.1.1 经审核符合登记条件的，应当将申请登记事项记载于不动产登记簿。

1. 记载于不动产登记簿的时点应当按下列方式确定：使用电子登记簿的，以登簿人员将登记事项在不动产登记簿上记载完成之时为准；使用纸质登记簿的，应当以登簿人员将登记事项在不动产登记簿上记载完毕并签名（章）之时为准；

2. 不动产登记簿已建册的，登簿完成后应当归册。

5.1.2 不动产登记机构合并受理的，应将合并受理的登记事项依次分别记载于不动产登记簿的相应簿页。

6　核发不动产权证书或者不动产登记证明

6.1.1　登记事项记载于不动产登记簿后，不动产登记机构应当根据不动产登记簿，如实、准确填写并核发不动产权证书或者不动产登记证明，属本规范第6.1.2条规定情形的除外。

1. 集体土地所有权，房屋等建筑物、构筑物所有权，森林、林木所有权，土地承包经营权，建设用地使用权，宅基地使用权，海域使用权等不动产权利登记，核发不动产权证书；

2. 抵押权登记、地役权登记和预告登记、异议登记，核发不动产登记证明。

已经发放的不动产权证书或者不动产登记证明记载事项与不动产登记簿不一致的，除有证据证实不动产登记簿确有错误外，以不动产登记簿为准。

6.1.2　属以下情形的，登记事项只记载于不动产登记簿，不核发不动产权证书或者不动产登记证明：

1. 建筑区划内依法属于业主共有的道路、绿地、其他公共场所、公用设施和物业服务用房等及其占用范围内的建设用地使用权；

2. 查封登记、预查封登记。

6.1.3　共有的不动产，不动产登记机构向全体共有人合并发放一本不动产权证书；共有人申请分别持证的，可以为共有人分别发放不动产权证书。共有不动产权证书应当注明共有情况，并列明全体共有人。

6.1.4　发放不动产权证书或不动产登记证明时，不动产登记机构应当核对申请人（代理人）的身份证明，收回受理凭证。

6.1.5　发放不动产权证书或不动产登记证明后，不动产登记机构应当按规范将登记资料归档。

分　　则

7　集体土地所有权登记

7.1　首次登记

7.1.1　适用

尚未登记的集体土地所有权，权利人可以申请集体土地所有权首次登记。

7.1.2　申请主体

集体土地所有权首次登记，依照下列规定提出申请：

1. 土地属于村农民集体所有的，由村集体经济组织代为申请，没有集体经济组织的，由村民委员会代为申请；

2. 土地分别属于村内两个以上农民集体所有的，由村内各集体经济组织代为申请，没有集体经济组织的，由村民小组代为申请；

3. 土地属于乡（镇）农民集体所有的，由乡（镇）集体经济组织代为申请。

7.1.3　申请材料

申请集体土地所有权首次登记，提交的材料包括：

1. 不动产登记申请书；

2. 申请人身份证明；

3. 土地权属来源材料；

4. 不动产权籍调查表、宗地图以及宗地界址点坐标；

5. 法律、行政法规以及《实施细则》规定的其他材料。

7.1.4　审查要点

不动产登记机构在审核过程中应注意以下要点：

1. 申请集体土地所有权首次登记的土地权属来源材料是否齐全、规范；

2. 不动产登记申请书、权属来源材料等记载的主体是否一致；

3. 不动产权籍调查成果资料是否齐全、规范，权籍调查表记载的权利人、权利类型及其性质等是否准确，宗地图、界址坐标、面积等是否符合要求；

4. 权属来源材料与申请登记的内容是否一致；

5. 公告是否无异议；

6. 本规范第 4 章要求的其他审查事项。

不存在本规范第 4.8.2 条不予登记情形的，不动产登记机构在记载不动产登记簿后，向申请人核发不动产权属证书。

7.2 变更登记

7.2.1 适用

已经登记的集体土地所有权，因下列情形发生变更的，当事人可以申请变更登记：

1. 农民集体名称发生变化的；

2. 土地坐落、界址、面积等状况发生变化的；

3. 法律、行政法规规定的其他情形。

7.2.2 申请主体

按本规范第 7.1.2 条的规定，由相关集体经济组织、村民委员会或村民小组代为申请。

7.2.3 申请材料

申请集体土地所有权变更登记，提交的材料包括：

1. 不动产登记申请书；

2. 申请人身份证明；

3. 不动产权属证书；

4. 集体土地所有权变更的材料；

5. 法律、行政法规以及《实施细则》规定的其他材料。

7.2.4 审查要点

不动产登记机构在审核过程中应注意以下要点：

1. 申请材料上的权利主体是否与不动产登记簿记载的农民集体一致；

2. 集体土地所有权变更的材料是否齐全、有效；

3. 申请变更事项与变更登记材料记载的变更事实是否一致；

4. 土地面积、界址范围变更的，不动产权籍调查表、宗地图、宗地界址点坐标等是否齐全、规范，申请材料与不动产权籍调查成果是否一致；

5. 申请登记事项是否与不动产登记簿的记载冲突；

6. 本规范第4章要求的其他审查事项。

不存在本规范第4.8.2条不予登记情形的，将登记事项记载于不动产登记簿。

7.3 转移登记

7.3.1 适用

已经登记的集体土地所有权，因下列情形导致权属发生转移的，当事人可以申请转移登记：

1. 农民集体之间互换土地的；

2. 土地调整的；

3. 法律、行政法规规定的其他情形。

7.3.2 申请主体

按本规范第7.1.2条的规定，由转让方和受让方所在的集体经济组织、村民委员会或村民小组代为申请。

7.3.3 申请材料

申请集体土地所有权转移登记，提交的材料包括：

1. 不动产登记申请书；

2. 申请人身份证明；

3. 不动产权属证书；

4. 集体土地所有权转移的材料，除应提交本集体经济组织三分之二以上成员或者三分之二以上村民代表同意的材料外，还应提交：

（1）农民集体互换土地的，提交互换土地的协议；

（2）集体土地调整的，提交土地调整文件；

（3）依法需要批准的，提交有关批准文件；

5. 法律、行政法规以及《实施细则》规定的其他材料。

7.3.4 审查要点

不动产登记机构在审核过程中应注意以下要点：

1. 转让方是否与不动产登记簿记载的农民集体一致；受让方是否为农民集体；

2. 申请事项是否属于因农民集体互换、土地调整等原因导致权属转移；

3. 集体土地所有权转移的登记原因文件是否齐全、有效；

4. 申请登记事项是否与不动产登记簿的记载冲突；

5. 有异议登记的，受让方是否已签署知悉存在异议登记并自担风险的书面承诺；

6. 本规范第 4 章要求的其他审查事项。

不存在本规范第 4.8.2 条不予登记情形的，将登记事项记载于不动产登记簿，并向权利人核发不动产权属证书。

7.4 注销登记

7.4.1 适用

已经登记的集体土地所有权，有下列情形之一的，当事人可以申请办理注销登记：

1. 集体土地灭失的；

2. 集体土地被依法征收的；

3. 法律、行政法规规定的其他情形。

7.4.2 申请主体

按本规范第 7.1.2 条的规定，由相关集体经济组织、村民委员会或村民小组代为申请。

7.4.3 申请材料

申请集体土地所有权注销登记，提交的材料包括：

1. 不动产登记申请书；

2. 申请人身份证明；

3. 不动产权属证书；

4. 集体土地所有权消灭的材料，包括：

（1）集体土地灭失的，提交证实土地灭失的材料；

（2）依法征收集体土地的，提交有批准权的人民政府征收决定书；

5. 法律、行政法规以及《实施细则》规定的其他材料。

7.4.4　审查要点

不动产登记机构在审核过程中应注意以下要点：

1. 申请材料上的权利主体是否与不动产登记簿记载的农民集体相一致；

2. 集体土地所有权消灭的材料是否齐全、有效；

3. 土地灭失的，是否已按规定进行实地查看；

4. 申请登记事项是否与不动产登记簿的记载冲突；

5. 本规范第4章要求的其他审查事项。

不存在本规范第4.8.2条不予登记情形的，将登记事项以及不动产权属证明或者不动产登记证明收回、作废等内容记载于不动产登记簿。

8　国有建设用地使用权登记

8.1　首次登记

8.1.1　适用

依法取得国有建设用地使用权，可以单独申请国有建设用地使用权首次登记。

8.1.2　申请主体

国有建设用地使用权首次登记的申请主体应当为土地权属来源材料上记载的国有建设用地使用权人。

8.1.3　申请材料

申请国有建设用地使用权首次登记，提交的材料包括：

1. 不动产登记申请书；

2. 申请人身份证明；

3. 土地权属来源材料，包括：

（1）以出让方式取得的，应当提交出让合同和缴清土地出让价款凭证等相关材料；

（2）以划拨方式取得的，应当提交县级以上人民政府的批准用地文件和国有建设用地使用权划拨决定书等相关材料；

（3）以租赁方式取得的，应当提交土地租赁合同和土地租金缴纳凭证等相关材料；

(4) 以作价出资或者入股方式取得的，应当提交作价出资或者入股批准文件和其他相关材料；

(5) 以授权经营方式取得的，应当提交土地资产授权经营批准文件和其他相关材料。

4. 不动产权籍调查表、宗地图、宗地界址点坐标等不动产权籍调查成果；

5. 依法应当纳税的，应提交完税凭证；

6. 法律、行政法规以及《实施细则》规定的其他材料。

8.1.4 审查要点

不动产登记机构在审核过程中应注意以下要点：

1. 不动产登记申请书、权属来源材料等记载的主体是否一致；

2. 不动产权籍调查成果资料是否齐全、规范，权籍调查表记载的权利人、权利类型及其性质等是否准确，宗地图、界址坐标、面积等是否符合要求；

3. 以出让方式取得的，是否已签订出让合同，是否已提交缴清土地出让价款凭证；以划拨、作价入股、出租、授权经营等方式取得的，是否已经有权部门批准或者授权；

4. 权属来源材料与申请登记的内容是否一致；

5. 国有建设用地使用权被预查封，权利人与被执行人一致的，不影响办理国有建设用地使用权首次登记；

6. 依法应当缴纳土地价款的，是否已缴清土地价款；依法应当纳税的，是否已完税；

7. 本规范第4章要求的其他审查事项。

不存在本规范第4.8.2条不予登记情形的，记载不动产登记簿后向申请人核发不动产权属证书。

8.2 变更登记

8.2.1 适用

已经登记的国有建设用地使用权，因下列情形发生变更的，当事人可以申请变更登记：

1. 权利人姓名或者名称、身份证明类型或者身份证明号码发生变化的；

2. 土地坐落、界址、用途、面积等状况发生变化的；

3. 国有建设用地使用权的权利期限发生变化的；

4. 同一权利人分割或者合并国有建设用地的；

5. 共有性质变更的；

6. 法律、行政法规规定的其他情形。

8.2.2 申请主体

国有建设用地使用权变更登记的申请主体应当为不动产登记簿记载的权利人。共有的国有建设用地使用权，因共有人的姓名、名称发生变化的，可以由发生变化的权利人申请；因土地面积、用途等自然状况发生变化的，可以由共有人一人或多人申请。

8.2.3 申请材料

申请国有建设用地使用权变更登记，提交的材料包括：

1. 不动产登记申请书；

2. 申请人身份证明；

3. 不动产权属证书；

4. 国有建设用地使用权变更材料，包括：

（1）权利人姓名或者名称、身份证明类型或者身份证明号码发生变化的，提交能够证实其身份变更的材料；

（2）土地面积、界址范围变更的，除应提交变更后的不动产权籍调查表、宗地图、宗地界址点坐标等不动产权籍调查成果外，还应提交：①以出让方式取得的，提交出让补充合同；②因自然灾害导致部分土地灭失的，提交证实土地灭失的材料；

（3）土地用途变更的，提交国土资源主管部门出具的批准文件和土地出让合同补充协议。依法需要补交土地出让价款的，还应当提交缴清土地出让价款的凭证；

（4）国有建设用地使用权的权利期限发生变化的，提交国土资源主管部门出具的批准文件、出让合同补充协议。依法需要补交土地出让价款的，还应当提交缴清土地出让价款的凭证；

(5) 同一权利人分割或者合并国有建设用地的，提交国土资源主管部门同意分割或合并的批准文件以及变更后的不动产权籍调查表、宗地图以及宗地界址点坐标等不动产权籍调查成果；

(6) 共有人共有性质变更的，提交共有性质变更合同书或生效法律文书。夫妻共有财产共有性质变更的，还应提交婚姻关系证明；

5. 依法应当纳税的，应提交完税凭证；

6. 法律、行政法规以及《实施细则》规定的其他材料。

8.2.4 审查要点

不动产登记机构在审核过程中应注意以下要点：

1. 申请变更登记的国有建设用地使用权是否已经登记；

2. 申请人是否为不动产登记簿记载的权利人；

3. 国有建设用地使用权变更的材料是否齐全、有效；

4. 申请变更事项与变更材料记载的变更事实是否一致。土地面积、界址范围变更的，不动产权籍调查表、宗地图、宗地界址点坐标等是否齐全、规范，申请材料与不动产权籍调查成果是否一致；

5. 申请登记事项与不动产登记簿的记载是否冲突；

6. 依法应当缴纳土地价款、纳税的，是否已缴清土地价款、已完税；

7. 本规范第 4 章要求的其他审查事项。

不存在本规范第 4.8.2 条不予登记情形的，将登记事项记载于不动产登记簿。

8.3 转移登记

8.3.1 适用

已经登记的国有建设用地使用权，因下列情形导致权属发生转移的，当事人可以申请转移登记：

1. 转让、互换或赠与的；

2. 继承或受遗赠的；

3. 作价出资（入股）的；

4. 法人或其他组织合并、分立导致权属发生转移的；

5. 共有人增加或者减少导致共有份额变化的；

6. 分割、合并导致权属发生转移的；

7. 因人民法院、仲裁委员会的生效法律文书等导致权属发生变化的；

8. 法律、行政法规规定的其他情形。

8.3.2 申请主体

国有建设用地使用权转移登记应当由双方共同申请，转让方应当为不动产登记簿记载的权利人。属本规范第8.3.1条第2、7项情形的，可以由单方申请。

8.3.3 申请材料

国有建设用地使用权转移登记，提交的材料包括：

1. 不动产登记申请书；

2. 申请人身份证明；

3. 不动产权属证书；

4. 国有建设用地使用权转移的材料，包括：

（1）买卖的，提交买卖合同；互换的，提交互换合同；赠与的，提交赠与合同；

（2）因继承、受遗赠取得的，按照本规范1.8.6条的规定提交材料；

（3）作价出资（入股）的，提交作价出资（入股）协议；

（4）法人或其他组织合并、分立导致权属发生转移的，提交法人或其他组织合并、分立的材料以及不动产权属转移的材料；

（5）共有人增加或者减少的，提交共有人增加或者减少的协议；共有份额变化的，提交份额转移协议；

（6）分割、合并导致权属发生转移的，提交分割或合并协议书，或者记载有关分割或合并内容的生效法律文书。实体分割或合并的，还应提交国土资源主管部门同意实体分割或合并的批准文件以及分割或合并后的不动产权籍调查表、宗地图、宗地界址点坐标等不动产权籍调查成果；

（7）因人民法院、仲裁委员会的生效法律文书等导致权属发生变化的，提交人民法院、仲裁委员会的生效法律文书等材料。

5. 申请划拨取得国有建设用地使用权转移登记的，应当提交有批准权的人民政府的批准文件；

6. 依法需要补交土地出让价款、缴纳税费的，应当提交缴清土地出让价款凭证、税费缴纳凭证；

7. 法律、行政法规以及《实施细则》规定的其他材料。

8.3.4 审查要点

不动产登记机构在审核过程中应注意以下要点：

1. 国有建设用地使用权转移的登记原因文件是否齐全；

2. 申请转移的国有建设用地使用权与登记原因文件记载的是否一致；

3. 国有建设用地使用权被查封的，不予办理转移登记；

4. 有异议登记的，受让方是否已签署知悉存在异议登记并自担风险的书面承诺；

5. 申请登记事项与不动产登记簿的记载是否冲突；

6. 申请登记事项是否与土地出让合同相关条款冲突；

7. 依法应当缴纳土地价款、纳税的，是否已缴清土地价款、已完税；

8. 本规范第4章要求的其他审查事项。

不存在本规范第4.8.2条不予登记情形的，将登记事项记载于不动产登记簿，并向权利人核发不动产权属证书。

8.4 注销登记

8.4.1 适用

已经登记的国有建设用地使用权，有下列情形之一的，当事人可以申请办理注销登记：

1. 土地灭失的；

2. 权利人放弃国有建设用地使用权的；

3. 依法没收、收回国有建设用地使用权的；

4. 因人民法院、仲裁委员会的生效法律文书致使国有建设用地使用权消灭的；

5. 法律、行政法规规定的其他情形。

8.4.2 申请主体

国有建设用地使用权注销登记的申请主体应当是不动产登记簿记载的权利人。

8.4.3 申请材料

申请国有建设用地使用权注销登记，提交的材料包括：

1. 不动产登记申请书；

2. 申请人身份证明；

3. 不动产权属证书；

4. 国有建设用地使用权消灭的材料，包括：

（1）国有建设用地灭失的，提交其灭失的材料；

（2）权利人放弃国有建设用地使用权的，提交权利人放弃国有建设用地使用权的书面文件。被放弃的国有建设用地上设有抵押权、地役权或已经办理预告登记、查封登记的，需提交抵押权人、地役权人、预告登记权利人或查封机关同意注销的书面文件；

（3）依法没收、收回国有建设用地使用权的，提交人民政府的生效决定书；

（4）因人民法院或者仲裁委员会生效法律文书导致权利消灭的，提交人民法院或者仲裁委员会生效法律文书。

5. 法律、行政法规以及《实施细则》规定的其他材料。

8.4.4 审查要点

不动产登记机构在审核过程中应注意以下要点：

1. 申请注销的国有建设用地使用权是否已经登记；

2. 国有建设用地使用权注销的材料是否齐全、有效；

3. 国有建设用地已设立抵押权、地役权或者已经办理预告登记、查封登记的，使用权人放弃权利申请注销登记的，是否已经提供抵押权人、地役权人、预告登记权利人、查封机关书面同意；

4. 土地灭失的，是否已按规定进行实地查看；

5. 申请登记事项与不动产登记簿的记载是否冲突；

6. 本规范第4章要求的其他审查事项。

不存在本规范第4.8.2条不予登记情形的，将登记事项以及不动产权证书或者不动产登记证明收回、作废等内容记载于不动产登记簿。

9 国有建设用地使用权及房屋所有权登记

9.1 首次登记

9.1.1 适用

依法利用国有建设用地建造房屋的，可以申请国有建设用地使用权及房屋所有权首次登记。

9.1.2 申请主体

国有建设用地使用权及房屋所有权首次登记的申请主体应当为不动产登记簿或土地权属来源材料记载的国有建设用地使用权人。

9.1.3 申请材料

申请国有建设用地使用权及房屋所有权首次登记，提交的材料包括：

1. 不动产登记申请书；
2. 申请人身份证明；
3. 不动产权属证书或者土地权属来源材料；
4. 建设工程符合规划的材料；
5. 房屋已经竣工的材料；
6. 房地产调查或者测绘报告；
7. 建筑物区分所有的，确认建筑区划内属于业主共有的道路、绿地、其他公共场所、公用设施和物业服务用房等材料；
8. 相关税费缴纳凭证；
9. 法律、行政法规以及《实施细则》规定的其他材料。

9.1.4 审查要点

不动产登记机构在审核过程中应注意以下要点：

1. 国有建设用地使用权是否已登记。已登记的，建设工程符合规划、房屋竣工验收等材料记载的主体是否与不动产登记簿记载的权利主体一致；未登记的，建设工程符合规划、房屋竣工验收等材料记载的主体是否与土地权属来源材料记载的主体一致；

2. 不动产权籍调查成果资料是否齐全、规范，权籍调查表记载的权利人、权利类型及其性质等是否准确，宗地图和房屋平面图、界址坐标、面积等是否符合要求；

3. 建筑物区分所有的，申请材料是否已明确建筑区划内属于业主共有的道路、绿地、其他公共场所、公用设施和物业服务用房等的权利归属；

4. 存在查封或者预查封登记的：

（1）国有建设用地使用权被查封或者预查封的，申请人与查封被执行人一致的，不影响办理国有建设用使用权及房屋所有权首次登记；

（2）商品房被预查封的，不影响办理国有建设用使用权及房屋所有权首次登记以及预购商品房预告登记转国有建设用使用权及房屋所有权转移登记。

5. 是否已按规定进行实地查看；

6. 本规范第 4 章要求的其他审查事项。

不存在本规范第 4.8.2 条不予登记情形的，记载不动产登记簿后向权利人核发不动产权属证书。

9.2 变更登记

9.2.1 适用

已经登记的国有建设用地使用权及房屋所有权，因下列情形发生变更的，当事人可以申请变更登记：

1. 权利人姓名或者名称、身份证明类型或者身份证明号码发生变化的；

2. 不动产坐落、界址、用途、面积等状况发生变化的；

3. 国有建设用地使用权的权利期限发生变化的；

4. 同一权利人名下的不动产分割或者合并的；

5. 法律、行政法规规定的其他情形。

9.2.2 申请主体

国有建设用地使用权及房屋所有权变更登记的申请主体应当为不动产登记簿记载的权利人。因共有人的姓名、名称发生变化的，可以由发生变更的权利人申请；面积、用途等自然状况发生变化的，可以由共有人一人或多人申请。

9.2.3 申请材料

申请房屋所有权变更登记，提交的材料包括：

1. 不动产登记申请书；

2. 申请人身份证明；

3. 不动产权属证书；

4. 国有建设用地使用权及房屋所有权变更的材料，包括：

（1）权利人姓名或者名称、身份证明类型或者身份证明号码发生变化的，提交能够证实其身份变更的材料；

（2）房屋面积、界址范围发生变化的，除应提交变更后的不动产权籍调查表、宗地图、宗地界址点坐标等不动产权籍调查成果外，还需提交：①属部分土地收回引起房屋面积、界址变更的，提交人民政府收回决定书；②改建、扩建引起房屋面积、界址变更的，提交规划验收文件和房屋竣工验收文件；③因自然灾害导致部分房屋灭失的，提交部分房屋灭失的材料；④其他面积、界址变更情形的，提交有权机关出具的批准文件。依法需要补交土地出让价款的，还应当提交土地出让合同补充协议和土地价款缴纳凭证；

（3）用途发生变化的，提交城市规划部门出具的批准文件、与国土资源主管部门签订的土地出让合同补充协议。依法需要补交土地出让价款的，还应当提交土地价款以及相关税费缴纳凭证；

（4）国有建设用地使用权的权利期限发生变化的，提交国土资源主管部门出具的批准文件和出让合同补充协议。依法需要补交土地出让价款的，还应当提交土地价款缴纳凭证；

（5）同一权利人分割或者合并不动产的，应当按有关规定提交相关部门同意分割或合并的批准文件；

（6）共有性质变更的，提交共有性质变更协议书或生效法律文书。

5. 法律、行政法规以及《实施细则》规定的其他材料。

9.2.4 审查要点

不动产登记机构在审核过程中应注意以下要点：

1. 国有建设用地使用权及房屋所有权的变更材料是否齐全、有效；

2. 申请变更事项与变更材料记载的变更内容是否一致；

3. 不动产权籍调查成果资料是否齐全、规范，权籍调查表记载的权利人、权利类型及其性质等是否准确，宗地图和房屋平面图、界址坐标、面积等是否符合要求；

4. 存在预告登记的，不影响不动产登记簿记载的权利人申请补发换发不动产权属证书以及其他不涉及权属的变更登记；

5. 申请登记事项与不动产登记簿的记载是否冲突；

6. 依法应当补交土地价款的，是否已提交补交土地价款凭证；

7. 本规范第4章要求的其他审查事项。

不存在本规范第4.8.2条不予登记情形的，将登记事项记载于不动产登记簿。

9.3 转移登记

9.3.1 适用

已经登记的国有建设用地使用权及房屋所有权，因下列情形导致权属发生转移的，当事人可以申请转移登记。国有建设用地使用权转移的，其范围内的房屋所有权一并转移；房屋所有权转移，其范围内的国有建设用地使用权一并转移。

1. 买卖、互换、赠与的；

2. 继承或受遗赠的；

3. 作价出资（入股）的；

4. 法人或其他组织合并、分立等导致权属发生转移的；

5. 共有人增加或者减少以及共有份额变化的；

6. 分割、合并导致权属发生转移的；

7. 因人民法院、仲裁委员会的生效法律文书等导致国有建设用地使用权及房屋所有权发生转移的；

8. 法律、行政法规规定的其他情形。

9.3.2 申请主体

国有建设用地使用权及房屋所有权转移登记应当由当事人双方共同申请。属本规范第9.3.1条第2、7项情形的，可以由单方申请。

9.3.3 申请材料

国有建设用地使用权及房屋所有权转移登记，提交的材料包括：

1. 不动产登记申请书；

2. 申请人身份证明；

3. 不动产权属证书；

4. 国有建设用地使用权及房屋所有权转移的材料，包括：

（1）买卖的，提交买卖合同；互换的，提交互换协议；赠与的，提交赠与合同；

（2）因继承、受遗赠取得的，按照本规范1.8.6的规定提交材料；

（3）作价出资（入股）的，提交作价出资（入股）协议；

（4）法人或其他组织合并、分立导致权属发生转移的，提交法人或其他组织合并、分立的材料以及不动产权属转移的材料；

（5）共有人增加或者减少的，提交共有人增加或者减少的协议；共有份额变化的，提交份额转移协议；

（6）不动产分割、合并导致权属发生转移的，提交分割或合并协议书，或者记载有关分割或合并内容的生效法律文书。实体分割或合并的，还应提交有权部门同意实体分割或合并的批准文件以及分割或合并后的不动产权籍调查表、宗地图、宗地界址点坐标等不动产权籍调查成果；

（7）因人民法院、仲裁委员会的生效法律文书等导致权属发生变化的，提交人民法院、仲裁委员会的生效法律文书等材料；

5. 已经办理预告登记的，提交不动产登记证明；

6. 划拨国有建设用地使用权及房屋所有权转移的，还应当提交有批准权的人民政府的批准文件；

7. 依法需要补交土地出让价款、缴纳税费的，应当提交土地出让价款缴纳凭证、税费缴纳凭证；

8. 法律、行政法规以及《实施细则》规定的其他材料。

9.3.4 审查要点

不动产登记机构在审核过程中应注意以下要点：

1. 国有建设用地使用权与房屋所有权转移的登记原因文件是否齐全、有效；

2. 申请转移的国有建设用地使用权与房屋所有权与登记原因文件记载是否一致；

3. 国有建设用地使用权与房屋所有权被查封的，不予办理转移登记；

4. 涉及买卖房屋等不动产，已经办理预告登记的，受让人与预告登记权利人是否一致。

5. 设有抵押权的，是否已经办理抵押权注销登记；

6. 有异议登记的，受让方是否已签署知悉存在异议登记并自担风险的书面承诺；

7. 依法应当缴纳土地价款、纳税的，是否已提交土地价款和税费缴纳凭证；

8. 申请登记事项与不动产登记簿的记载是否冲突；

9. 本规范第 4 章要求的其他审查事项。

不存在本规范第 4. 8. 2 条不予登记情形的，将登记事项记载于不动产登记簿，并向权利人核发不动产权属证书。

9.4 注销登记

9.4.1 适用

已经登记的国有建设用地使用权及房屋所有权，有下列情形之一的，当事人可以申请办理注销登记：

1. 不动产灭失的；

2. 权利人放弃权利的；

3. 因依法被没收、征收、收回导致不动产权利消灭的；

4. 因人民法院、仲裁委员会的生效法律文书致使国有建设用地使用权及房屋所有权消灭的；

5. 法律、行政法规规定的其他情形。

9.4.2 申请主体

申请国有建设用地使用权及房屋所有权注销登记的主体应当是不动产登记簿记载的权利人或者其他依法享有不动产权利的权利人。

9.4.3 申请材料

申请国有建设用地使用权及房屋所有权注销登记，提交的材料包括：

1. 不动产登记申请书；

2. 申请人身份证明；

3. 不动产权属证书；

4. 国有建设用地使用权及房屋所有权消灭的材料，包括：

（1）不动产灭失的，提交其灭失的材料；

（2）权利人放弃国有建设用地使用权及房屋所有权的，提交权利人放弃权利的书面文件。设有抵押权、地役权或已经办理预告登记、查封登记的，需提交抵押权人、地役权人、预告登记权利人、查封机关同意注销的书面材料；

（3）依法没收、征收、收回不动产的，提交人民政府生效决定书；

（4）因人民法院或者仲裁委员会生效法律文书导致国有建设用地使用权及房屋所有权消灭的，提交人民法院或者仲裁委员会生效法律文书。

5. 法律、行政法规以及《实施细则》规定的其他材料。

9.4.4 审查要点

不动产登记机构在审核过程中应注意以下要点：

1. 国有建设用地使用权及房屋所有权的注销材料是否齐全、有效；

2. 不动产灭失的，是否已按规定进行实地查看；

3. 国有建设用地及房屋已设立抵押权、地役权或者已经办理预告登记、查封登记的，权利人放弃权利申请注销登记的，是否已经提供抵押权人、地役权人、预告登记权利人、查封机关书面同意；

4. 申请登记事项与不动产登记簿的记载是否冲突；

5. 本规范第4章要求的其他审查事项。

不存在本规范第4.8.2条不予登记情形的，将登记事项以及不动产权属证明或者不动产登记证明收回、作废等内容记载于不动产登记簿。

10　宅基地使用权及房屋所有权登记

10.1　首次登记

10.1.1　适用

依法取得宅基地使用权，可以单独申请宅基地使用权登记。

依法利用宅基地建造住房及其附属设施的，可以申请宅基地使用权及房屋所有权登记。

10.1.2　申请主体

申请宅基地使用权登记的主体为用地批准文件记载的宅基地使用权人。

申请宅基地使用权及房屋所有权登记的主体为用地批准文件记载的宅基地使用权人。

10.1.3　申请材料

申请宅基地使用权首次登记，提交的材料包括：

1. 不动产登记申请书；
2. 申请人身份证明；
3. 有批准权的人民政府批准用地的文件等权属来源材料；
4. 不动产权籍调查表、宗地图、宗地界址点坐标等有关不动产界址、面积等材料；
5. 法律、行政法规以及《实施细则》规定的其他材料。

申请宅基地使用权及房屋所有权首次登记，提交的材料包括：

1. 不动产登记申请书；
2. 申请人身份证明；
3. 不动产权属证书或者土地权属来源材料；
4. 房屋符合规划或建设的相关材料；
5. 不动产权籍调查表、宗地图、房屋平面图以及宗地界址点坐标等有关不动产界址、面积等材料；
6. 法律、行政法规以及《实施细则》规定的其他材料。

10.1.4　审查要点

不动产登记机构在审核过程中应注意以下要点：

申请宅基地使用权首次登记的：

1. 是否有合法权属来源材料；

2. 不动产登记申请书、权属来源材料等记载的主体是否一致；

3. 不动产权籍调查成果资料是否齐全、规范，权籍调查表记载的权利人、权利类型及其性质等是否准确，宗地图、界址坐标、面积等是否符合要求；

4. 是否已在不动产登记机构门户网站以及宅基地所在地进行公告；

5. 本规范第 4 章要求的其他审查事项。

申请宅基地使用权及房屋所有权首次登记的：

1. 宅基地使用权是否已登记。已登记的，审核不动产登记簿记载的权利主体与房屋符合规划或者建设的相关材料等记载的权利主体是否一致；未登记的，房屋符合规划或者建设的相关材料等记载的主体是否与土地权属来源材料记载的主体一致；

2. 房屋等建筑物、构筑物是否符合规划或建设的相关要求；

3. 不动产权籍调查成果资料是否齐全、规范，权籍调查表记载的权利人、权利类型及其性质等是否准确，宗地图和房屋平面图、界址坐标、面积等是否符合要求；

4. 是否已按规定进行实地查看；

5. 是否已按规定进行公告；

6. 本规范第 4 章要求的其他审查事项。

不存在本规范第 4.8.2 条不予登记情形的，记载不动产登记簿后向权利人核发不动产权属证书。

10.2 变更登记

10.2.1 适用

已经登记的宅基地使用权及房屋所有权，有下列情形之一的，当事人可以申请变更登记：

1. 权利人姓名或者名称、身份证明类型或者身份证明号码发生变化的；

2. 不动产坐落、界址、用途、面积等状况发生变化的；

3. 法律、行政法规规定的其他情形。

10.2.2　申请主体

宅基地使用权及房屋所有权变更登记的申请主体应当为不动产登记簿记载的权利人。

10.2.3　申请材料

申请宅基地使用权及房屋所有权变更登记，提交的材料包括：

1. 不动产登记申请书；

2. 申请人身份证明；

3. 不动产权属证书；

4. 宅基地使用权及房屋所有权变更的材料，包括：

（1）权利人姓名或者名称、身份证明类型或者身份证明号码发生变化的，提交能够证实其身份变更的材料；

（2）宅基地或房屋面积、界址范围变更的，提交有批准权的人民政府或其主管部门的批准文件以及变更后的不动产权籍调查表、宗地图、宗地界址点坐标等有关不动产界址、面积等材料。

5. 法律、行政法规以及《实施细则》规定的其他材料。

10.2.4　审查要点

不动产登记机构在审核过程中应注意以下要点：

1. 宅基地使用权及房屋所有权的变更材料是否齐全；

2. 申请变更事项与变更登记文件记载的变更事实是否一致；

3. 申请登记事项与不动产登记簿的记载是否冲突；

4. 本规范第4章要求的其他审查事项。

不存在本规范第4.8.2条不予登记情形的，将登记事项记载于不动产登记簿。

10.3　转移登记

10.3.1　适用

已经登记的宅基地使用权及房屋所有权，有下列情形之一的，当事人可以申请转移登记：

1. 依法继承；

2. 分家析产；

3. 集体经济组织内部互换房屋；

4. 因人民法院、仲裁委员会的生效法律文书等导致权属发生变化的；

5. 法律、行政法规规定的其他情形。

10.3.2 申请主体

宅基地使用权及房屋所有权转移登记应当由双方共同申请。因继承房屋以及人民法院、仲裁委员会生效法律文书等取得宅基地使用权及房屋所有权的，可由权利人单方申请。

10.3.3 申请材料

申请宅基地使用权及房屋所有权转移登记，提交的材料包括：

1. 不动产登记申请书；

2. 申请人身份证明；

3. 不动产权属证书；

4. 宅基地使用权及房屋所有权转移的材料，包括：

（1）依法继承的，按照本规范 1.8.6 的规定提交材料；

（2）分家析产的协议或者材料；

（3）集体经济组织内部互换房屋的，提交互换协议书。同时，还应提交互换双方为本集体经济组织成员的材料；①

（4）因人民法院或者仲裁委员会生效法律文书导致权属发生转移的，提交人民法院或者仲裁委员会生效法律文书；

5. 法律、行政法规以及《实施细则》规定的其他材料。

10.3.4 审查要点

不动产登记机构在审核过程中应注意以下要点：

1. 受让方为本集体经济组织的成员且符合宅基地申请条件，但因继承房屋以及人民法院、仲裁委员会的生效法律文书等导致宅基地使用权及房屋所有权发生转移的除外；

2. 宅基地使用权及房屋所有权转移材料是否齐全、有效；

---

① 根据《自然资源部关于取消一批证明事项的公告》（自然资源部公告 2019 年第 23 号），取消“申请宅基地使用权及房屋所有权转移登记申请人身份证明”，取消之后由不动产登记机构向村集体经济组织了解双方是否为集体经济组织成员。

3. 申请转移的宅基地使用权及房屋所有权与登记原因文件记载是否一致；

4. 有异议登记的，受让方是否已签署知悉存在异议登记并自担风险的书面承诺；

5. 申请登记事项与不动产登记簿的记载是否冲突；

6. 本规范第 4 章要求的其他审查事项。

不存在本规范第 4.8.2 条不予登记情形的，将登记事项记载于不动产登记簿，并向权利人核发不动产权属证书。

10.3.5 已拥有一处宅基地的本集体经济组织成员、非集体经济组织成员的农村或城镇居民，因继承取得宅基地使用权及房屋所有权的，在不动产权属证书附记栏记载该权利人为本农民集体原成员住宅的合法继承人。

10.4 注销登记

10.4.1 适用

已经登记的宅基地使用权及房屋所有权，有下列情形之一的，当事人可以申请办理注销登记：

1. 不动产灭失的；

2. 权利人放弃宅基地使用权及房屋所有权的；

3. 依法没收、征收、收回宅基地使用权及房屋所有权的；

4. 因人民法院、仲裁委员会的生效法律文书导致宅基地使用权及房屋所有权消灭的；

5. 法律、行政法规规定的其他情形。

10.4.2 申请主体

宅基地使用权及房屋所有权注销登记的申请主体应当为不动产登记簿记载的权利人。

10.4.3 申请材料

申请宅基地使用权及房屋所有权注销登记，提交的材料包括：

1. 不动产登记申请书；

2. 申请人身份证明；

3. 不动产权属证书；

4. 宅基地使用权及房屋所有权消灭的材料，包括：

（1）宅基地、房屋灭失的，提交其灭失的材料；

（2）权利人放弃宅基地使用权及房屋所有权的，提交权利人放弃权利的书面文件。被放弃的宅基地、房屋设有地役权的，需提交地役权人同意注销的书面材料；

（3）依法没收、征收、收回宅基地使用权或者房屋所有权的，提交人民政府做出的生效决定书；

（4）因人民法院或者仲裁委员会生效法律文书导致权利消灭的，提交人民法院或者仲裁委员会生效法律文书。

5. 法律、行政法规以及《实施细则》规定的其他材料。

10.4.4 审查要点

不动产登记机构在审核过程中应注意以下要点：

1. 宅基地使用权及房屋所有权的注销材料是否齐全、有效；

2. 宅基地、房屋灭失的，是否已按规定进行实地查看；

3. 放弃的宅基地使用权及房屋所有权是否设有地役权；设有地役权的，应经地役权人同意；

4. 本规范第4章要求的其他审查事项。

不存在本规范第4.8.2条不予登记情形的，将登记事项以及不动产权属证明或者不动产登记证明收回、作废等内容记载于不动产登记簿。

11 集体建设用地使用权及建筑物、构筑物所有权登记

11.1 首次登记

11.1.1 适用

依法取得集体建设用地使用权，可以单独申请集体建设用地使用权登记。

依法使用集体建设用地兴办企业，建设公共设施，从事公益事业等的，应当申请集体建设用地使用权及建筑物、构筑物所有权登记。

11.1.2 申请主体

申请集体建设用地使用权登记的主体为用地批准文件记载的集体建设用地使用权人。

申请集体建设用地使用权及建筑物、构筑物所有权登记的主体为用地批准文件记载的集体建设用地使用权人。

11.1.3 申请材料

申请集体建设用地使用权首次登记，提交的材料包括：

1. 不动产登记申请书；
2. 申请人身份证明；
3. 有批准权的人民政府批准用地的文件等权属来源材料；
4. 不动产权籍调查表、宗地图以及宗地界址点坐标等有关不动产界址、面积等材料；
5. 法律、行政法规以及《实施细则》规定的其他材料。

申请集体建设用地使用权及建筑物、构筑物所有权首次登记，提交的材料包括：

1. 不动产登记申请书；
2. 申请人身份证明；
3. 不动产权属证书；
4. 建设工程符合规划的材料；
5. 不动产权籍调查表、宗地图、房屋平面图以及宗地界址点坐标等有关不动产界址、面积等材料；
6. 建设工程已竣工的材料；
7. 法律、行政法规以及《实施细则》规定的其他材料。

11.1.4 审查要点

不动产登记机构在审核过程中应注意以下要点：

申请集体建设用地使用权首次登记的：

1. 是否已依法取得集体建设用地使用权；
2. 不动产登记申请书、权属来源材料等记载的主体是否一致；
3. 不动产权籍调查成果资料是否齐全、规范，权籍调查表记载的权利人、权利类型及其性质等是否准确，宗地图、界址坐标、面积等是否符合要求；
4. 是否已按规定进行公告；
5. 本规范第4章要求的其他审查事项。

申请集体建设用地使用权及建筑物、构筑物所有权首次登记的：

1. 集体建设用地使用权是否已登记。已登记的，不动产登记簿记载的权利主体与建设工程符合规划的材料、建设工程竣工材料等记载的权利主体是否一致；未登记的，建设工程符合规划的材料、建设工程竣工材料等记载的主体是否与土地权属来源材料记载的主体一致；

2. 房屋等建筑物、构筑物是否提交了符合规划、已竣工的材料；

3. 不动产权籍调查成果资料是否齐全、规范，权籍调查表记载的权利人、权利类型及其性质等是否准确，宗地图和房屋平面图、界址坐标、面积等是否符合要求；

4. 集体建设用地使用权被查封，申请人与被执行人一致的，不影响集体建设用地使用权及建筑物、构筑物所有权首次登记；

5. 是否已按规定进行实地查看；

6. 是否已按规定进行公告；

7. 本规范第 4 章要求的其他审查事项。

不存在本规范第 4.8.2 条不予登记情形的，记载不动产登记簿后向申请人核发不动产权属证书。

11.2 变更登记

11.2.1 适用

已经登记的集体建设用地使用权及建筑物、构筑物所有权，有下列情形之一的，当事人可以申请变更登记：

1. 权利人姓名或者名称、身份证明类型或者身份证明号码发生变化的；

2. 不动产坐落、界址、用途、面积等状况发生变化的；

3. 同一权利人名下的集体建设用地或者建筑物、构筑物分割或者合并的；

4. 法律、行政法规规定的其他情形。

11.2.2 申请主体

集体建设用地使用权及建筑物、构筑物所有权变更登记的申请主体应当为不动产登记簿记载的权利人。因共有人的姓名、名称发生变化的，可以由姓名、名称发生变化的权利人申请；因土地或建筑物、构筑物自然状况变化的，可以由共有人一人或多人申请；夫妻共有财产变更的，应当由夫妻双方凭婚姻关系证明共同申请。

11.2.3 申请材料

申请集体建设用地使用权及建筑物、构筑物所有权变更登记，提交的材料包括：

1. 不动产登记申请书；

2. 申请人身份证明；

3. 不动产权属证书；

4. 集体建设用地使用权及建筑物、构筑物所有权变更的材料，包括：

（1）权利人姓名或者名称、身份证明类型或者身份证明号码发生变化的，提交能够证实其身份变更的材料；

（2）土地或建筑物、构筑物面积、界址范围变更的，提交有批准权的人民政府或其主管部门的批准文件以及变更后的不动产权籍调查表、宗地图、房屋平面图以及宗地界址点坐标等有关不动产界址、面积等材料；

（3）土地或建筑物、构筑物用途变更的，提交有批准权的人民政府或者主管部门的批准文件；

（4）同一权利人分割或者合并建筑物、构筑物的，提交有批准权限部门同意分割或者合并的批准文件以及分割或者合并后的不动产权籍调查表、宗地图、房屋平面图以及宗地界址点坐标等有关不动产界址、面积等材料；

5. 法律、行政法规以及《实施细则》规定的其他材料。

11.2.4 审查要点

不动产登记机构在审核过程中应注意以下要点：

1. 集体建设用地使用权及建筑物、构筑物所有权的变更材料是否齐全、有效；

2. 申请变更事项与变更材料记载的变更事实是否一致；

3. 申请登记事项与不动产登记簿的记载是否冲突；

4. 本规范第4章要求的其他审查事项。

不存在本规范第4.8.2条不予登记情形的，将登记事项记载于不动产登记簿。

11.3 转移登记

11.3.1 适用

已经登记的集体建设用地使用权及建筑物、构筑物所有权，因下列情形之一导致权属发生转移的，当事人可以申请转移登记：

1. 作价出资（入股）的；

2. 因企业合并、分立、破产、兼并等情形，导致建筑物、构筑物所有权发生转移的；

3. 因人民法院、仲裁委员会的生效法律文书等导致权属转移的；

4. 法律、行政法规规定的其他情形。

11.3.2 申请主体

集体建设用地使用权及建筑物、构筑物所有权转移登记应当由双方共同申请。因人民法院、仲裁委员会的生效法律文书等导致权属转移的，可由单方申请。

11.3.3 申请材料

集体建设用地使用权及建筑物、构筑物所有权转移登记，提交的材料包括：

1. 不动产登记申请书；

2. 申请人身份证明；

3. 不动产权属证书；

4. 集体建设用地使用权及建筑物、构筑物所有权转移的材料，包括：

（1）作价出资（入股）的，提交作价出资（入股）协议；

（2）因企业合并、分立、兼并、破产等情形导致权属发生转移的，提交企业合并、分立、兼并、破产的材料、集体建设用地使用权及建筑物、构筑物所有权权属转移材料、有权部门的批准文件。

（3）因人民法院、仲裁委员会的生效法律文书导致权属转移的，提交人民法院、仲裁委员会的生效法律文书。

5. 依法需要缴纳税费的，应当提交税费缴纳凭证；

6. 本集体经济组织三分之二以上成员或者三分之二以上村民代表同意的材料；

7. 法律、行政法规以及《实施细则》规定的其他材料。

11.3.4 审查要点

不动产登记机构在审核过程中应注意以下要点：

1. 集体建设用地使用权及建筑物、构筑物所有权转移的登记原因文件是否齐全、有效；

2. 申请转移的集体建设用地使用权及建筑物、构筑物所有权与登记原因文件记载是否一致；

3. 集体建设用地使用权及建筑物、构筑物所有权被查封的，不予办理转移登记；

4. 有异议登记的，受让方是否已签署知悉存在异议登记并自担风险的书面承诺；

5. 申请登记事项与不动产登记簿的记载是否冲突；

6. 本规范第4章要求的其他审查事项。

不存在本规范第4.8.2条不予登记情形的，将登记事项记载于不动产登记簿，并向权利人核发不动产权属证书。

11.4 注销登记

11.4.1 适用

已经登记的集体建设用地使用权及建筑物、构筑物所有权，有下列情形之一的，当事人可以申请办理注销登记：

1. 不动产灭失的；

2. 权利人放弃集体建设用地使用权及建筑物、构筑物所有权的；

3. 依法没收、征收、收回集体建设用地使用权及建筑物、构筑物所有权的；

4. 因人民法院、仲裁委员会的生效法律文书等致使集体建设用地使用权及建筑物、构筑物所有权消灭的；

5. 法律、行政法规规定的其他情形。

11.4.2 申请主体

集体建设用地使用权及建筑物、构筑物所有权注销登记的申请主体应当是不动产登记簿记载的权利人。

11.4.3 申请材料

申请集体建设用地使用权及建筑物、构筑物所有权注销登记，提交的材料包括：

1. 不动产登记申请书；

2. 申请人身份证明；

3. 不动产权属证书；

4. 集体建设用地使用权及建筑物、构筑物所有权消灭的材料，包括：

（1）土地或建筑物、构筑物灭失的，提交灭失的材料；

（2）权利人放弃集体建设用地使用权及建筑物、构筑物所有权的，提交权利人放弃权利的书面文件。设有抵押权、地役权或被查封的，需提交抵押权人、地役权人或查封机关同意注销的书面材料；

（3）依法没收、征收、收回集体建设用地使用权及建筑物、构筑物所有权的，提交人民政府的生效决定书；

（4）因人民法院或者仲裁委员会生效法律文书等导致集体建设用地使用权及建筑物、构筑物所有权消灭的，提交人民法院或者仲裁委员会生效法律文书等材料。

5. 法律、行政法规以及《实施细则》规定的其他材料。

11.4.4 审查要点

不动产登记机构在审核过程中应注意以下要点：

1. 集体建设用地使用权及建筑物、构筑物所有权的注销材料是否齐全、有效；

2. 土地或建筑物、构筑物灭失的，是否已按规定进行实地查看；

3. 集体建设用地及建筑物、构筑物已设立抵押权、地役权或者已经办理查封登记的，权利人放弃权利申请注销登记的，是否已经提供抵押权人、地役权人、查封机关书面同意的材料；

4. 申请登记事项与不动产登记簿的记载是否冲突；

5. 本规范第 4 章要求的其他审查事项。

不存在本规范第 4.8.2 条不予登记情形的，将登记事项以及不动产权属证明或者不动产登记证明收回、作废等内容记载于不动产登记簿。

12 海域使用权及建筑物、构筑物所有权登记

12.1 首次登记

12.1.1 适用

依法取得海域使用权，可以单独申请海域使用权登记。

依法使用海域，在海域上建造建筑物、构筑物的，应当申请海域使用权及建筑物、构筑物所有权登记。

12.1.2 申请主体

海域使用权及建筑物、构筑物所有权首次登记的申请主体应当为海域权属来源材料记载的海域使用权人。

12.1.3 申请材料

申请海域使用权首次登记，提交的材料包括：

1. 不动产登记申请书；
2. 申请人身份证明；
3. 项目用海批准文件或者海域使用权出让合同；
4. 宗海图（宗海位置图、界址图）以及界址点坐标；
5. 海域使用金缴纳或者减免凭证；
6. 法律、行政法规以及《实施细则》规定的其他材料。

申请海域使用权及建筑物、构筑物所有权首次登记，提交的材料包括：

1. 不动产登记申请书；
2. 申请人身份证明；
3. 不动产权属证书或不动产权属来源材料；
4. 宗海图（宗海位置图、界址图）以及界址点坐标；
5. 建筑物、构筑物符合规划的材料；
6. 建筑物、构筑物已经竣工的材料；

7. 海域使用金缴纳或者减免凭证；

8. 法律、行政法规以及《实施细则》规定的其他材料。

12.1.4 审查要点

不动产登记机构在审核过程中应注意以下要点：

申请海域使用权首次登记的：

1. 是否已依法取得海域使用权；

2. 不动产登记申请书、权属来源材料等记载的主体是否一致；

3. 申请材料中已有相应的调查成果，则审核调查成果资料是否齐全、规范，申请登记的项目名称、用海面积、类型、方式、期限等与批准文件或出让合同是否一致，宗海图（宗海位置图、界址图）以及界址坐标、面积等是否符合要求；

4. 海域使用金是否按规定缴纳；

5. 本规范第4章要求的其他审查事项。

申请海域使用权及建筑物、构筑物所有权登记的：

1. 海域使用权是否已登记。已登记的，不动产登记簿记载的权利主体与建筑物、构筑物符合规划材料和建筑物、构筑物竣工材料等记载的权利主体是否一致；未登记的，建筑物、构筑物符合规划和建筑物、构筑物竣工材料等记载的主体是否与不动产权属来源材料记载的主体一致；

2. 不动产权籍调查成果资料是否齐全、规范，权利人、权利类型及其性质等是否准确，宗海图（宗海位置图、界址图）及界址坐标、面积等是否符合要求；

3. 是否已按规定进行实地查看；

4. 本规范第4章要求的其他审查事项。

不存在本规范第4.8.2条不予登记情形的，记载不动产登记簿后向申请人核发不动产权属证书。

12.2 变更登记

12.2.1 适用

已经登记的海域使用权以及建筑物、构筑物所有权，因下列情形之一发生变更的，当事人可以申请变更登记：

1. 权利人姓名或者名称、身份证明类型或者身份证明号码发生变化的；

2. 海域坐落、名称发生变化的；

3. 改变海域使用位置、面积或者期限的；

4. 海域使用权续期的；

5. 共有性质变更的；

6. 法律、行政法规规定的其他情形。

12.2.2 申请主体

海域使用权以及建筑物、构筑物所有权变更登记的申请主体应当为不动产登记簿记载的权利人。因共有人的姓名、名称发生变化的，可以由发生变化的权利人申请；海域使用面积、用途等自然状况发生变化的，可以由共有人一人或多人申请。

12.2.3 申请材料

申请海域使用权以及建筑物、构筑物所有权变更登记，提交的材料包括：

1. 不动产登记申请书；

2. 申请人身份证明；

3. 不动产权属证书；

4. 海域使用权以及建筑物、构筑物所有权变更的材料，包括：

（1）权利人姓名或者名称、身份证明类型或者身份证明号码发生变化的，提交能够证实其身份变更的材料；

（2）海域或建筑物、构筑物面积、界址范围发生变化的，提交有批准权的人民政府或者主管部门的批准文件、海域使用权出让合同补充协议以及变更后的宗海图（宗海位置图、界址图）以及界址点坐标等成果。依法需要补交海域使用金的，还应当提交相关的缴纳凭证；

（3）海域或建筑物、构筑物用途发生变化的，提交有批准权的人民政府或其主管部门的批准文件、海域使用权出让合同补充协议。依法需要补交海域使用金的，还应当提交相关的缴纳凭证；

（4）海域使用期限发生变化或续期的，提交有批准权的人民政府或其主管部门的批准文件或者海域使用权出让合同补充协议。依法需要补交海域使用金的，还应当提交相关的缴纳凭证；

（5）共有性质变更的，应提交共有性质变更协议书或生效法律文书。

5. 法律、行政法规以及《实施细则》规定的其他材料。

12.2.4 审查要点

不动产登记机构在审核过程中应注意以下要点：

1. 申请变更登记的海域使用权以及建筑物、构筑物所有权是否已经登记；

2. 海域使用权以及建筑物、构筑物所有权的变更材料是否齐全、有效；

3. 申请变更事项与变更登记文件记载的变更事实是否一致；

4. 依法应当缴纳海域使用金的，是否已按规定缴纳相应价款；

5. 申请登记事项与不动产登记簿的记载是否冲突；

6. 本规范第4章要求的其他审查事项。

不存在本规范第4.8.2条不予登记情形的，将登记事项记载于不动产登记簿。

12.3 转移登记

12.3.1 适用

已经登记的海域使用权以及建筑物、构筑物所有权，因下列情形之一导致权属发生转移的，当事人可以申请转移登记：

1. 企业合并、分立或者与他人合资、合作经营、作价入股的；

2. 依法转让、赠与的；

3. 继承、受遗赠取得的；

4. 人民法院、仲裁委员会生效法律文书导致权属转移的；

5. 法律、行政法规规定的其他情形。

12.3.2 申请主体

海域使用权以及建筑物、构筑物所有权转移登记应当由双方共同申请。属本规范第12.3.1条第3、4项情形的，可由单方申请。

12.3.3 申请材料

海域使用权以及建筑物、构筑物所有权转移登记，提交的材料包括：

1. 不动产登记申请书；

2. 申请人身份证明；

3. 不动产权属证书；

4. 海域使用权以及建筑物、构筑物所有权转移的材料，包括：

（1）法人或其他组织合并、分立或者与他人合资、合作经营，导致权属发生转移的，提交法人或其他组织合并、分立的材料以及不动产权属转移的材料；

（2）作价出资（入股）的，提交作价出资（入股）协议；

（3）买卖的，提交买卖合同；赠与的，提交赠与合同；

（4）因继承、受遗赠取得的，按照本规范 1.8.6 的规定提交材料；

（5）因人民法院、仲裁委员会的生效法律文书等导致权属发生变化的，提交人民法院、仲裁委员会的生效法律文书等材料。

（6）转让批准取得的海域使用权，提交原批准用海的海洋行政主管部门批准转让的文件。

5. 依法需要补交海域使用金、缴纳税费的，应当提交缴纳海域使用金缴款凭证、税费缴纳凭证；

6. 法律、行政法规以及《实施细则》规定的其他材料。

12.3.4 审查要点

不动产登记机构在审核过程中应注意以下要点：

1. 海域使用权以及建筑物、构筑物所有权转移的登记原因文件是否齐全、有效；

2. 申请转移的海域使用权以及建筑物、构筑物所有权与登记原因文件记载是否一致；

3. 海域使用权以及建筑物、构筑物所有权被查封的，不予办理转移登记；

4. 有异议登记的，受让方是否已签署知悉存在异议登记并自担风险的书面承诺；

5. 申请登记事项与不动产登记簿的记载是否冲突；

6. 依法应当缴纳海域使用金、纳税的，是否已缴纳海域使用金和有关税费；

7. 本规范第4章要求的其他审查事项。

不存在本规范第4.8.2条不予登记情形的，将登记事项记载于不动产登记簿，并向权利人核发不动产权属证书。

12.4 注销登记

12.4.1 适用

已经登记的海域使用权以及建筑物、构筑物所有权，有下列情形之一的，当事人可以申请办理注销登记：

1. 不动产灭失的；

2. 权利人放弃海域使用权以及建筑物、构筑物所有权的；

3. 因人民法院、仲裁委员会的生效法律文书等导致海域使用权以及建筑物、构筑物所有权消灭的；

4. 法律、行政法规规定的其他情形。

12.4.2 申请主体

海域使用权以及建筑物、构筑物所有权注销登记的申请主体应当为不动产登记簿记载的权利人。

12.4.3 申请材料

申请海域使用权以及建筑物、构筑物所有权注销登记，提交的材料包括：

1. 不动产登记申请书；

2. 申请人身份证明；

3. 不动产权属证书；

4. 海域使用权以及建筑物、构筑物所有权消灭的材料，包括：

（1）不动产灭失的，提交证实灭失的材料；

（2）权利人放弃海域使用权以及建筑物、构筑物所有权的，提交权利人放弃权利的书面文件。设立抵押权、地役权或者已经办理预告登记、查封登记的，需提交抵押权人、地役权人、预告登记权利人、查封机关同意注销的书面材料；

（3）因人民法院或者仲裁委员会生效法律文书等导致海域使用权以及建筑物、构筑物所有权消灭的，提交人民法院或者仲裁委员会生效法律文书等材料；

5. 法律、行政法规以及《实施细则》规定的其他材料。

12.4.4 审查要点

不动产登记机构在审核过程中应注意以下要点：

1. 申请注销的海域使用权以及建筑物、构筑物所有权是否已经登记；

2. 海域使用权以及建筑物、构筑物所有权的注销材料是否齐全、有效；

3. 不动产灭失的，是否已实地查看；

4. 海域使用权以及建筑物、构筑物所有权已设立抵押权、地役权或者已经办理预告登记、查封登记的，权利人放弃权利申请注销登记的，是否提供抵押权人、地役权人、预告登记权利人、查封机关书面同意；

5. 申请登记事项与不动产登记簿的记载是否冲突；

6. 本规范第4章要求的其他审查事项。

不存在本规范第4.8.2条不予登记情形的，将登记事项以及不动产权证书或者不动产登记证明收回、作废等内容记载于不动产登记簿。

申请无居民海岛登记的，参照海域使用权及建筑物、构筑物所有权登记的有关规定办理。

13 地役权登记

13.1 首次登记

13.1.1 适用

按照约定设定地役权利用他人不动产，有下列情形之一的，当事人可以申请地役权首次登记。地役权设立后，办理首次登记前发生变更、转移的，当事人应当就已经变更或转移的地役权，申请首次登记。

1. 因用水、排水、通行利用他人不动产的；

2. 因铺设电线、电缆、水管、输油管线、暖气和燃气管线等利用他人不动产的；

3. 因架设铁塔、基站、广告牌等利用他人不动产的；

4. 因采光、通风、保持视野等限制他人不动产利用的；

5. 其他为提高自己不动产效益，按照约定利用他人不动产的情形。

13. 1. 2 申请主体

地役权首次登记应当由地役权合同中载明的需役地权利人和供役地权利人共同申请。

13. 1. 3 申请材料

申请地役权首次登记，提交的材料包括：

1. 不动产登记申请书；

2. 申请人身份证明；

3. 需役地和供役地的不动产权属证书；

4. 地役权合同；

5. 地役权设立后，办理首次登记前发生变更、转移的，还应提交相关材料；

6. 法律、行政法规以及《实施细则》规定的其他材料。

13. 1. 4 审查要点

不动产登记机构在审核过程中应注意以下要点：

1. 供役地、需役地是否已经登记；

2. 不动产登记申请书、不动产权属证书、地役权合同等材料记载的主体是否一致；

3. 是否为利用他人不动产而设定地役权；

4. 当事人约定的利用方法是否属于其他物权的内容；

5. 地役权内容是否违反法律、行政法规的强制性规定；

6. 供役地被抵押的，是否已经抵押权人书面同意；

7. 本规范第 4 章要求的其他审查事项。

不存在本规范第 4. 8. 2 条不予登记情形的，记载不动产登记簿后向权利人核发不动产登记证明。地役权首次登记，不动产登记机构应当将登记事项分别记载于需役地和供役地不动产登记簿。

13.2 变更登记

13.2.1 适用

已经登记的地役权，因下列变更情形之一的，当事人应当申请变更登记：

1. 需役地或者供役地权利人姓名或者名称、身份证明类型或者身份证明号码发生变化的；

2. 共有性质变更的；

3. 需役地或者供役地自然状况发生变化；

4. 地役权内容变更的；

5. 法律、行政法规规定的其他情形。

13.2.2 申请主体

地役权变更登记的申请主体应当为需役地权利人和供役地权利人。因共有人的姓名、名称发生变化的，可以由姓名、名称发生变化的权利人申请；因不动产自然状况变化申请变更登记的，可以由共有人一人或多人申请。

13.2.3 申请材料

申请地役权变更登记，提交的材料包括：

1. 不动产登记申请书；

2. 申请人身份证明；

3. 不动产登记证明；

4. 地役权变更的材料，包括：

（1）权利人姓名或者名称、身份证明类型或者身份证明号码发生变化的，提交能够证实其身份变更的材料；

（2）需役地或者供役地的面积发生变化的，提交有批准权的人民政府或其主管部门的批准文件以及变更后的权籍调查表、宗地图和宗地界址坐标等不动产权籍调查成果；

（3）共有性质变更的，提交共有性质变更协议；

（4）地役权内容发生变化的，提交地役权内容变更的协议。

5. 法律、行政法规以及《实施细则》规定的其他材料。

13.2.4 审查要点

不动产登记机构在审核过程中应注意以下要点：

1. 申请变更登记的地役权是否已经登记；

2. 地役权的变更材料是否齐全、有效；

3. 申请变更事项与变更登记文件记载的变更事实是否一致；

4. 本规范第4章要求的其他审查事项。

不存在本规范第4.8.2条不予登记情形的，将登记事项记载于不动产登记簿。地役权变更登记，不动产登记机构应当将登记事项分别记载于需役地和供役地的不动产登记簿。

13.3 转移登记

13.3.1 适用

已经登记的地役权不得单独转让、抵押。因土地承包经营权、建设用地使用权等转让发生转移的，当事人应当一并申请地役权转移登记。申请需役地转移登记，需役地权利人拒绝一并申请地役权转移登记的，还应当提供相关的书面材料。

13.3.2 申请主体

地役权转移登记应当由双方共同申请。

13.3.3 申请材料

地役权转移登记与不动产转移登记合并办理，提交的材料包括：

1. 不动产登记申请书；

2. 申请人身份证明；

3. 不动产登记证明；

4. 地役权转移合同；

5. 法律、行政法规以及《实施细则》规定的其他材料。

13.3.4 审查要点

不动产登记机构在审核过程中应注意以下要点：

1. 申请转移登记的地役权是否已经登记；

2. 地役权转移的登记原因文件是否齐全、有效；

3. 地役权是否为单独转让；

4. 按本规范第4章的要求的其他审查事项。

不存在本规范第4.8.2条不予登记情形的，将登记事项记载于不动产登记簿，并向权利人核发不动产登记证明。单独申请地役权转移登记的，不予办理。地役权转移登记，不动产登记机构应当将登记事项分别记载于需役地和供役地不动产登记簿。

13.4 注销登记

13.4.1 适用

已经登记的地役权，有下列情形之一的，当事人可以申请地役权注销登记：

1. 地役权期限届满的；
2. 供役地、需役地归于同一人的；
3. 供役地或者需役地灭失的；
4. 人民法院、仲裁委员会的生效法律文书等导致地役权消灭的；
5. 依法解除地役权合同的；
6. 其他导致地役权消灭的事由。

13.4.2 申请主体

当事人依法解除地役权合同的，应当由供役地、需役地双方共同申请，其他情形可由当事人单方申请。

13.4.3 申请材料

申请地役权注销登记，提交的材料包括：

1. 不动产登记申请书；
2. 申请人身份证明；
3. 不动产登记证明；
4. 地役权消灭的材料，包括：

（1）地役权期限届满的，提交地役权期限届满的材料；

（2）供役地、需役地归于同一人的，提交供役地、需役地归于同一人的材料；

（3）供役地或者需役地灭失的，提交供役地或者需役地灭失的材料；

（4）人民法院、仲裁委员会效法律文书等导致地役权消灭的，提交人民法院、仲裁委员会的生效法律文书等材料；

（5）依法解除地役权合同的，提交当事人解除地役权合同的协议。

5. 法律、行政法规以及《实施细则》规定的其他材料。

13.4.4 审查要点

不动产登记机构在审核过程中应注意以下要点：

1. 注销的地役权是否已经登记；

2. 地役权消灭的材料是否齐全、有效；

3. 供役地或者需役地灭失的，是否已按规定进行实地查看；

4. 本规范第4章要求的其他审查事项。

不存在本规范第4.8.2条不予登记情形的，将登记事项以及不动产登记证明收回、作废等内容记载于不动产登记簿。地役权注销登记，不动产登记机构应当将登记事项分别记载于需役地和供役地不动产登记簿。

14 抵押权登记

14.1 首次登记

14.1.1 适用

在借贷、买卖等民事活动中，自然人、法人或其他组织为保障其债权实现，依法设立不动产抵押权的，可以由抵押人和抵押权人共同申请办理不动产抵押登记。以建设用地使用权、海域使用权抵押的，该土地、海域上的建筑物、构筑物一并抵押；以建筑物、构筑物抵押的，该建筑物、构筑物占用范围内的建设用地使用权、海域使用权一并抵押。

1. 为担保债务的履行，债务人或者第三人不转移不动产的占有，将该不动产抵押给债权人的，当事人可以申请一般抵押权首次登记；

2. 为担保债务的履行，债务人或者第三人对一定期间内将要连续发生的债权提供担保不动产的，当事人可以申请最高额抵押权首次登记；

3. 以正在建造的建筑物设定抵押的，当事人可以申请建设用地使用权及在建建筑物抵押权首次登记。

14.1.2　抵押财产范围

以下列财产进行抵押的，可以申请办理不动产抵押登记：

1. 建设用地使用权；

2. 建筑物和其他土地附着物；

3. 海域使用权；

4. 以招标、拍卖、公开协商等方式取得荒地等的土地承包经营权；

5. 正在建造的建筑物；

6. 法律、行政法规未禁止抵押的其他不动产。

14.1.3　不得办理抵押登记的财产范围

对于法律禁止抵押的下列财产，不动产登记机构不得办理不动产抵押登记：

1. 土地所有权、海域所有权；

2. 耕地、宅基地等集体所有的土地使用权，但法律规定可以抵押的除外；

3. 学校、幼儿园、医院等以公益为目的的事业单位、社会团体的教育设施、医疗卫生设施和其他社会公益设施；

4. 所有权、使用权不明或者有争议的不动产；

5. 依法被查封的不动产；

6. 法律、行政法规规定不得抵押的其他不动产。

14.1.4　申请主体

抵押权首次登记应当由抵押人和抵押权人共同申请。

14.1.5　申请材料

申请抵押权首次登记，提交的材料包括：

1. 不动产登记申请书；

2. 申请人身份证明；

3. 不动产权属证书。

4. 主债权合同。最高额抵押的，应当提交一定期间内将要连续发生债权的合同或者其他登记原因文件等必要材料；

5. 抵押合同。主债权合同中包含抵押条款的，可以不提交单独的抵押合同书。最高额抵押的，应当提交最高额抵押合同。

6. 下列情形还应当提交以下材料：

（1）同意将最高额抵押权设立前已经存在的债权转入最高额抵押担保的债权范围的，应当提交已存在债权的合同以及当事人同意将该债权纳入最高额抵押权担保范围的书面材料；

（2）在建建筑物抵押的，应当提交建设工程规划许可证；

7. 法律、行政法规以及《实施细则》规定的其他材料。

14.1.6 审查要点

不动产登记机构在审核过程中应注意以下要点：

1. 抵押财产是否已经办理不动产登记；

2. 抵押财产是否属于法律、行政法规禁止抵押的不动产；

3. 抵押合同上记载的抵押人、抵押权人、被担保主债权的数额或种类、担保范围、债务履行期限、抵押不动产是否明确；最高额抵押权登记的，最高债权额限度、债权确定的期间是否明确；

4. 申请人与不动产权证书或不动产登记证明、主债权合同、抵押合同、最高额抵押合同等记载的主体是否一致；

5. 在建建筑物抵押的，抵押财产不包括已经办理预告登记的预购商品房和已办理预售合同登记备案的商品房；

6. 在建建筑物抵押，应当实地查看的，是否已实地查看；

7. 有查封登记的，不予办理抵押登记，但在商品房抵押预告登记后办理的预查封登记，不影响商品房抵押预告登记转抵押权首次登记；

8. 办理抵押预告登记转抵押权首次登记，抵押权人与抵押预告登记权利人是否一致；

9. 同一不动产上设有多个抵押权的，应当按照受理时间的先后顺序依次办理登记；

10. 登记申请是否违反法律、行政法规的规定；

11. 本规范第4章要求的其他审查事项。

不存在本规范第4.8.2条不予登记情形的，记载不动产登记簿后向抵押权人核发不动产登记证明。

14.2 变更登记

14.2.1 适用

已经登记的抵押权，因下列情形发生变更的，当事人可以申请抵押权变更登记：

1. 权利人姓名或者名称、身份证明类型或者身份证明号码发生变化的；

2. 担保范围发生变化的；

3. 抵押权顺位发生变更的；

4. 被担保的主债权种类或者数额发生变化的；

5. 债务履行期限发生变化的；

6. 最高债权额发生变化的；

7. 最高额抵押权债权确定的期间发生变化的；

8. 法律、行政法规规定的其他情形。

14.2.2 申请主体

申请抵押权变更登记，应当由抵押人和抵押权人共同申请。因抵押人或抵押权人姓名、名称发生变化的，可由发生变化的当事人单方申请；不动产坐落、名称发生变化的，可由抵押人单方申请。

14.2.3 申请材料

申请抵押权变更登记，提交的材料包括：

1. 不动产登记申请书；

2. 申请人身份证明；

3. 不动产权证书和不动产登记证明；

4. 抵押权变更的材料，包括：

（1）抵押权人或者抵押人姓名、名称变更的，提交能够证实其身份变更的材料；

（2）担保范围、抵押权顺位、被担保债权种类或者数额、债务履行期限、最高债权额、债权确定期间等发生变更的，提交抵押人与抵押权人约定相关变更内容的协议；

5. 因抵押权顺位、被担保债权数额、最高债权额、担保范围、债务履行期限发生变更等，对其他抵押权人产生不利影响的，还应当提交其他抵押权人的书面同意文件和身份证明文件；

6. 法律、行政法规以及《实施细则》规定的其他材料。

14.2.4 审查要点

不动产登记机构在审核过程中应注意以下要点：

1. 申请变更登记的抵押权是否已经登记；

2. 抵押权变更的材料是否齐全、有效；

3. 申请变更的事项与变更登记文件记载的变更事实是否一致；

4. 抵押权变更影响其他抵押权人利益的，是否已经其他抵押权人书面同意；

5. 本规范第4章要求的其他审查事项。

不存在本规范第4.8.2条不予登记情形的，将登记事项记载于不动产登记簿。

14.3 转移登记

14.3.1 适用

因主债权转让导致抵押权转让的，当事人可以申请抵押权转移登记。

最高额抵押权担保的债权确定前，债权人转让部分债权的，除当事人另有约定外，不得办理最高额抵押权转移登记。债权人转让部分债权，当事人约定最高额抵押权随同部分债权的转让而转移的，应当分别申请下列登记：

1. 当事人约定原抵押权人与受让人共同享有最高额抵押权的，应当申请最高额抵押权转移登记和最高额抵押权变更登记；

2. 当事人约定受让人享有一般抵押权、原抵押权人就扣减已转移的债权数额后继续享有最高额抵押权的，应当一并申请一般抵押权转移登记和最高额抵押权变更登记；

3. 当事人约定原抵押权人不再享有最高额抵押权的，应当一并申请最高额抵押权确定登记和一般抵押权转移登记。

14.3.2 申请主体

抵押权转移登记应当由不动产登记簿记载的抵押权人和债权受让人共同申请。

14.3.3 申请材料

申请抵押权转移登记，提交的材料包括：

1. 不动产登记申请书；
2. 申请人身份证明；
3. 不动产权证书和不动产登记证明；
4. 抵押权转移的材料，包括：

（1）申请一般抵押权转移登记的，还应当提交被担保主债权的转让协议；

（2）申请最高额抵押权转移登记的，还应当提交部分债权转移的材料、当事人约定最高额抵押权随同部分债权的转让而转移的材料；

（3）债权人已经通知债务人的材料。

5. 法律、行政法规以及《实施细则》规定的其他材料。

14.3.4 审查要点

不动产登记机构在审核过程中应注意以下要点：

1. 申请转移登记的抵押权是否已经登记；
2. 申请转移登记的材料是否齐全、有效；
3. 申请转移的抵押权与抵押权转移登记申请材料的记载是否一致；
4. 本规范第4章要求的其他审查事项。

不存在本规范第4.8.2条不予登记情形的，将登记事项记载于不动产登记簿，并向权利人核发不动产登记证明。

14.4 注销登记

14.4.1 适用

已经登记的抵押权，发生下列情形之一的，当事人可以申请抵押权注销登记：

1. 主债权消灭的；
2. 抵押权已经实现的；
3. 抵押权人放弃抵押权的；
4. 因人民法院、仲裁委员会的生效法律文书致使抵押权消灭的；

5. 法律、行政法规规定抵押权消灭的其他情形。

14.4.2 申请主体

不动产登记簿记载的抵押权人与抵押人可以共同申请抵押权的注销登记。

债权消灭或抵押权人放弃抵押权的，抵押权人可以单方申请抵押权的注销登记。

人民法院、仲裁委员会生效法律文书确认抵押权消灭的，抵押人等当事人可以单方申请抵押权的注销登记。

14.4.3 申请材料

申请抵押权注销登记，提交的材料包括：

1. 不动产登记申请书；

2. 申请人身份证明；

3. 抵押权消灭的材料；

4. 抵押权人与抵押人共同申请注销登记的，提交不动产权证书和不动产登记证明；抵押权人单方申请注销登记的，提交不动产登记证明；抵押人等当事人单方申请注销登记的，提交证实抵押权已消灭的人民法院、仲裁委员会作出的生效法律文书；

5. 法律、行政法规以及《实施细则》规定的其他材料。

14.4.4 审查要点

不动产登记机构在审核过程中应注意以下要点：

1. 申请注销的抵押权是否已经登记；

2. 申请抵押权注销登记的材料是否齐全、有效；

3. 申请注销的抵押权与抵押权注销登记申请材料的记载是否一致；

4. 本规范第4章要求的其他审查事项。

不存在本规范第4.8.2条不予登记情形的，将登记事项以及不动产登记证明收回、作废等内容记载于不动产登记簿。

15 预告登记

15.1 预告登记的设立

15.1.1 适用

有下列情形之一的，当事人可以按照约定申请不动产预告登记：

1. 商品房等不动产预售的；

2. 不动产买卖、抵押的；

3. 以预购商品房设定抵押权的；

4. 法律、行政法规规定的其他情形。

15.1.2 申请主体

预告登记的申请主体应当为买卖房屋或者其他不动产物权的协议的双方当事人。预购商品房的预售人和预购人订立商品房买卖合同后，预售人未按照约定与预购人申请预告登记时，预购人可以单方申请预告登记。

15.1.3 申请材料

申请预告登记，申请人提交的材料包括：

1. 不动产登记申请书；

2. 申请人身份证明；

3. 当事人关于预告登记的约定；

4. 属于下列情形的，还应当提交下列材料：

（1）预购商品房的，提交已备案的商品房预售合同。依法应当备案的商品房预售合同，经县级以上人民政府房产管理部门或土地管理部门备案，作为登记的申请材料。

（2）以预购商品房等不动产设定抵押权的，提交不动产登记证明以及不动产抵押合同、主债权合同；

（3）不动产转移的，提交不动产权属证书、不动产转让合同；

（4）不动产抵押的，提交不动产权属证书、不动产抵押合同和主债权合同。

5. 预售人与预购人在商品房预售合同中对预告登记附有条件和期限的，预购人应当提交相应材料。

6. 法律、行政法规以及《实施细则》规定的其他材料。

买卖房屋或者其他不动产物权的协议中包括预告登记的约定或对预告登记附有条件和期限的约定，可以不单独提交相应材料。

15.1.4 审查要点

不动产登记机构在审核过程中应注意以下要点：

1. 申请预购商品房预告登记的，其预售合同是否已经备案；申请预购商品房抵押预告登记的，是否已经办理预购商品房预告登记；申请其他预告登记的，不动产物权是否已经登记；

2. 申请人与申请材料记载的主体是否一致；

3. 申请登记的内容与登记原因文件或者权属来源材料是否一致；

4. 不动产买卖、抵押的，预告登记内容是否与不动产登记簿记载的有关内容冲突；

5. 不动产被查封的，不予办理；

6. 本规范第 4 章要求的其他审查事项。

不存在本规范第 4. 8. 2 条不予登记情形的，记载不动产登记簿后向申请人核发不动产登记证明。

15. 2 预告登记的变更

15. 2. 1 适用

因当事人的姓名、名称、身份证明类型或者身份证明号码等发生变更的，当事人可申请预告登记的变更。

15. 2. 2 申请主体

预告登记变更可以由不动产登记簿记载的当事人单方申请。

15. 2. 3 申请材料

申请预告登记的变更，申请人提交的材料包括：

1. 不动产登记申请书；

2. 申请人身份证明；

3. 预告登记内容发生变更的材料；

4. 法律、行政法规以及《实施细则》规定的其他材料。

15. 2. 4 审查要点

不动产登记机构在审核过程中应注意以下要点：

1. 申请变更登记的材料是否齐全、有效；

2. 申请人与申请材料记载的主体是否一致；

3. 变更登记的事项与申请变更登记的材料记载的内容是否一致；

4. 申请登记事项与不动产登记簿的记载是否冲突；

5. 本规范第 4 章要求的其他审查事项。

不存在本规范第4.8.2条不予登记情形的，将登记事项记载于不动产登记簿。

15.3 预告登记的转移

15.3.1 适用

有下列情形之一的，当事人可申请预告登记的转移：

1. 因继承、受遗赠导致不动产预告登记转移的；

2. 因人民法院、仲裁委员会生效法律文书导致不动产预告登记转移的；

3. 因主债权转移导致预购商品房抵押预告登记转移的；

4. 因主债权转移导致不动产抵押预告登记转移的；

5. 法律、行政法规规定的其他情形。

15.3.2 申请主体

预告登记转移的申请人由不动产登记簿记载的预告登记权利人和该预告登记转移的受让人共同申请。因继承、受遗赠、人民法院、仲裁委员会生效法律文书导致不动产预告登记转移的可以单方申请。

15.3.3 申请材料

申请预告登记的转移，申请人提交的材料包括：

1. 不动产登记申请书；

2. 申请人身份证明；

3. 按照不同情形，提交下列材料：

（1）继承、受遗赠的，按照本规范1.8.6的规定提交材料；

（2）人民法院、仲裁委员会生效法律文书

（3）主债权转让的合同和已经通知债务人的材料；

4. 法律、行政法规以及《实施细则》规定的其他材料。

15.3.4 审查要点

不动产登记机构在审核过程中应注意以下要点：

1. 预告登记转移的登记原因文件是否齐全、有效；

2. 申请转移的预告登记与登记申请材料的记载是否一致；

3. 申请登记事项与不动产登记簿记载的事项是否冲突；

4. 本规范第4章要求的其他审查事项。

不存在本规范第4.8.2条不予登记情形的，将登记事项记载于不动产登记簿，并向权利人核发不动产登记证明。

15.4 预告登记的注销

15.4.1 适用

有下列情形之一的，当事人可申请注销预告登记：

1. 买卖不动产物权的协议被认定无效、被撤销、被解除等导致债权消灭的；
2. 预告登记的权利人放弃预告登记的；
3. 法律、行政法规规定的其他情形。

15.4.2 申请主体

申请人为不动产登记簿记载的预告登记权利人或生效法律文书记载的当事人。预告当事人协议注销预告登记的，申请人应当为买卖房屋或者其他不动产物权的协议的双方当事人。

15.4.3 申请材料

申请注销预告登记，申请人提交的材料包括：

1. 不动产登记申请书；
2. 申请人身份证明；
3. 不动产登记证明；
4. 债权消灭或者权利人放弃预告登记的材料；
5. 法律、行政法规以及《实施细则》规定的其他材料。

15.4.4 审查要点

不动产登记机构在审核过程中应注意以下要点：

1. 预告登记的注销材料是否齐全、有效；
2. 不动产作为预告登记权利人的财产被预查封的，不予办理；
3. 本规范第4章要求的其他审查事项。

不存在本规范第4.8.2条不予登记情形的，将登记事项以及不动产登记证明收回、作废等内容记载于不动产登记簿。

16 更正登记

16.1 依申请更正登记

16.1.1 适用

权利人、利害关系人认为不动产登记簿记载的事项有错误，或者人民法院、仲裁委员会生效法律文书等确定的不动产权利归属、内容与不动产登记簿记载的权利状况不一致的，当事人可以申请更正登记。

16.1.2 申请主体

依申请更正登记的申请人应当是不动产的权利人或利害关系人。利害关系人应当与申请更正的不动产登记簿记载的事项存在利害关系。

16.1.3 申请材料

申请更正登记提交的材料包括：

1. 不动产登记申请书；

2. 申请人身份证明；

3. 证实不动产登记簿记载事项错误的材料，但不动产登记机构书面通知相关权利人申请更正登记的除外；

4. 申请人为不动产权利人的，提交不动产权属证书；申请人为利害关系人的，证实与不动产登记簿记载的不动产权利存在利害关系的材料；

5. 法律、行政法规以及《实施细则》规定的其他材料。

16.1.4 审查要点

不动产登记机构在审核过程中应注意以下要点：

1. 申请人是否是不动产的权利人或利害关系人；利害关系人申请更正的，利害关系材料是否能够证实申请人与被更正的不动产有利害关系；

2. 申请更正的登记事项是否已在不动产登记簿记载；错误登记之后是否已经办理了该不动产转移登记，或者办理了抵押权或地役权首次登记、预告登记和查封登记且未注销的；

3. 权利人同意更正的，在权利人出具的书面材料中，是否已明确同意更正的意思表示，并且申请人是否提交了证明不动产登记簿确有错误的证明材料；更正事项由人民法院、仲裁委员会法律文书等确认的，法律文书等材料是否已明确不动产权利归属，是否已经发生法律效力；

4. 本规范第4章要求的其他审查事项。

不存在本规范第4.8.2条不予登记情形的，将更正事项记载不动产登记簿，涉及不动产权证书或者不动产登记证明记载内容的，向权利人换发不动产权证书或者不动产登记证明。

16.2 依职权更正登记

16.2.1 适用

不动产登记机构发现不动产登记簿记载的事项有错误，不动产登记机构应书面通知当事人在30个工作日内申请办理更正登记，当事人逾期不办理的，不动产登记机构应当在公告15个工作日后，依法予以更正；但在错误登记之后已经办理了涉及不动产权利处分的登记、预告登记和查封登记的除外。

16.2.2 登记材料

不动产登记机构依职权更正登记应当具备下列材料：

1. 证实不动产登记簿记载事项错误的材料；

2. 通知权利人在规定期限内办理更正登记的材料和送达凭证；

3. 法律、行政法规以及《实施细则》规定的其他材料。

16.2.3 审查要点

不动产登记机构启动更正登记程序后，还应该按照以下要点进行审核：

1. 不动产登记机构是否已书面通知相关权利人在规定期限内申请办理更正登记，而当事人无正当理由逾期不申请办理；

2. 查阅不动产登记资料，审查登记材料或者有效的法律文件是否能证实不动产登记簿记载错误；

3. 在错误登记之后是否已经办理了涉及不动产权利处分的登记、预告登记和查封登记；

4. 书面通知的送达对象、期限及时间是否符合规定；

5. 更正登记事项是否已按规定进行公告；

6. 本规范第 4 章要求的其他审查事项。

17 异议登记

17.1 异议登记

17.1.1 适用

利害关系人认为不动产登记簿记载的事项有错误，权利人不同意更正的，利害关系人可以申请异议登记。

17.1.2 申请主体

异议登记申请人应当是利害关系人。

17.1.3 申请材料

申请异议登记需提交下列材料：

1. 不动产登记申请书；

2. 申请人身份证明；

3. 证实对登记的不动产权利有利害关系的材料；

4. 证实不动产登记簿记载的事项错误的材料；

5. 法律、行政法规以及《实施细则》规定的其他材料。

17.1.4 审查要点

不动产登记机构在审核过程中应注意以下要点：

1. 利害关系材料是否能够证实申请人与被异议的不动产权利有利害关系；

2. 异议登记事项的内容是否已经记载于不动产登记簿；

3. 同一申请人是否就同一异议事项提出过异议登记申请；

4. 不动产被查封、抵押或设有地役权的，不影响该不动产的异议登记；

5. 本规范第 4 章要求的其他审查事项。

不存在本规范第 4.8.2 条不予登记情形的，不动产登记机构应即时办理。在记载不动产登记簿后，向申请人核发不动产登记证明。

17.2 注销异议登记

17.2.1 适用

1. 异议登记期间，异议登记申请人可以申请注销异议登记；

2. 异议登记申请人自异议登记之日起15日内，未提交人民法院受理通知书、仲裁委员会受理通知书等提起诉讼、申请仲裁的，异议登记失效。

17.2.2 申请主体

注销异议登记申请人是异议登记申请人。

17.2.3 申请材料

申请注销异议登记提交的材料包括：

1. 不动产登记申请书；

2. 申请人身份证明；

3. 异议登记申请人申请注销登记的，提交不动产登记证明；或者异议登记申请人的起诉被人民法院裁定不予受理或者予以驳回诉讼请求的材料；

4. 法律、行政法规以及《实施细则》规定的其他材料。

17.2.4 审查要点

不动产登记机构在审核过程中应注意以下要点：

1. 申请注销异议登记的材料是否齐全、有效；

2. 本规范第4章要求的其他审查事项。

不存在本规范第4.8.2条不予登记情形的，不动产登记机构应即时办理，将登记事项内容记载于不动产登记簿。

18 查封登记

18.1 查封登记

18.1.1 适用

不动产登记机构依据国家有权机关的嘱托文件依法办理查封登记的，适用查封登记。

18.2 嘱托查封主体

嘱托查封的主体应当为人民法院、人民检察院或公安机关等国家有权机关。

18.2.1 嘱托材料

办理查封登记需提交下列材料：

1. 人民法院、人民检察院或公安机关等国家有权机关送达人的工作证和执行公务的证明文件。委托其他法院送达的，应当提交委托送达函；

2. 人民法院查封的，应提交查封或者预查封的协助执行通知书；人民检察院查封的，应提交查封函；公安等国家有权机关查封的，应提交协助查封的有关文件。

18.2.2 审查要点

不动产登记机构接收嘱托文件后，应当要求送达人签名，并审查以下内容：

1. 查看嘱托机关送达人的工作证和执行公务的证明文件，并与嘱托查封单位进行核实。委托送达的，委托送达函是否已加盖委托机关公章，是否注明委托事项、受委托机关等；

2. 嘱托文件是否齐全、是否符合规定；

3. 嘱托文件所述查封事项是否清晰，是否已注明被查封的不动产的坐落名称、权利人及有效的不动产权属证书号。被查封不动产的内容与不动产登记簿的记载是否一致；

4. 本规范第4章要求的其他审查事项。

不动产登记机构不对查封机关送达的嘱托文件进行实体审查。不动产登记机构认为登记事项存在异议的，不动产登记机构应当办理查封登记，并向嘱托机关提出审查建议。不动产登记机构审查后符合登记条件的，应即时将查封登记事项记载于不动产登记簿。

18.2.3 因两个或以上嘱托事项查封同一不动产的，不动产登记机构应当为先送达查封通知书的嘱托机关办理查封登记，对后送达的嘱托机关办理轮候查封登记。轮候查封登记的顺序按照嘱托机关嘱托文书依法送达不动产登记机构的时间先后进行排列。

不动产在预查封期间登记在被执行人名下的，预查封登记自动转为查封登记，预查封转为正式查封后，查封期限从预查封之日起计算。

18.3 注销查封登记

18.3.1 适用

1. 查封期间，查封机关解除查封的，不动产登记机构应当根据其嘱托文件办理注销查封登记。

2. 不动产查封、预查封期限届满，查封机关未嘱托解除查封、解除预查封或续封的，查封登记失效。

18.3.2 登记材料

办理注销查封登记需提交下列材料：

1. 人民法院、人民检察院或公安机关等国家有权机关送达人的工作证和执行公务的证明文件。委托其他法院送达的，应提交委托送达函；

2. 人民法院解除查封的，提交解除查封或解除预查封的协助执行通知书；公安机关等人民政府有权机关解除查封的，提交协助解除查封通知书；人民检察院解除查封的，提交解除查封函。

3. 法律、行政法规以及《实施细则》规定的其他材料。

18.3.3 审查要点

不动产登记机构接收嘱托文件时，应当要求送达人签名，并审查以下内容：

1. 查看嘱托机关送达人的工作证和执行公务的证明文件。委托其他法院送达的，委托送达函是否已加盖委托机关公章，是否注明委托事项、受委托机关等；

2. 嘱托文件是否齐全、是否符合规定；

3. 嘱托文件所述解除查封事项是否清晰，包括是否注明了解封不动产的名称、权利人及有效的不动产权属证书号。解除查封不动产的内容与不动产登记簿的记载是否一致；

4. 本规范第4章要求的其他审查事项。

不动产登记机构审查后符合登记条件的，应将解除查封登记事项记载于不动产登记簿。

19 登记资料管理

19.1 一般规定

19.1.1 登记资料的范围

不动产登记资料包括：

1. 不动产登记簿等不动产登记结果；

2. 不动产登记原始资料，包括不动产登记申请书、申请人身份证明、不动产权属来源材料、登记原因文件、不动产权籍调查表等申请材料；不动产登记机构查验、询问、实地查看或调查、公告等形成的审核材料；其他有关机关出具的复函、意见以及不动产登记过程中产生的其他依法应当保存的材料等。

不动产登记资料应当由不动产登记机构管理。不动产登记资料中属于归档范围的，应当按照法律、行政法规的规定进行归档管理。

19.1.2 登记资料管理

不动产登记资料由不动产登记机构管理。不动产登记机构应按照以下要求确保不动产登记信息的绝对安全：

1. 不动产登记簿等不动产登记结果及权籍图应当永久保存；不动产权籍图包括宗地图、宗海图（宗海位置图、界址图）和房屋平面图等；

2. 不动产登记原始资料应当按照规定整理后归档保存和管理；

3. 不动产登记资料应当逐步电子化，不动产登记电子登记资料应当通过统一的不动产登记信息管理基础平台进行管理、开发和利用；

4. 任何单位和个人不得随意损毁登记资料、不得泄露登记信息；

5. 不动产登记机构应当建立符合防火、防盗、防渍、防有害生物等安全保护要求的专门场所，存放不动产登记簿和权籍图等；

6. 除法律、行政法规另有规定或者因紧急情况为避免不动产登记簿毁损、灭失外，任何单位或个人不得将不动产登记簿携出不动产登记机构。

19.2 纸质资料管理

19.2.1 保管

不动产登记机构应妥善保管登记资料，防止登记资料污损、遗失，确保登记资料齐全、完整。

19.2.2 移交

登记事项登簿后，不动产登记人员应整理登记资料，填写统一制式的移交清单，将不动产登记原始资料和具有保存价值的其他材料收集、整理，并及时、完整地移交至资料管理部门。

19.2.3 接收

资料管理部门应比对移交清单对移交材料进行检查验收，对符合要求的，资料管理部门应予接收。

19.2.4 立卷

资料立卷宜采用1件1卷的原则，即每办理1件登记所形成的材料立1个卷。资料的立卷应包括：卷内材料的排列与编号、卷内目录和备考表的编制、卷皮和资料盒或资料袋的编写工作，并应符合下列规定：

1. 卷内材料应按下列顺序排列：

（1）目录；

（2）结论性审核材料；

（3）过程性审核材料；

（4）当事人提供的登记申请材料；

（5）图纸；

（6）其他；

（7）备考表。

2. 卷内材料应每1页材料编写1个页号。单面书写的材料应在右上角编写页号；双面书写的材料，应在正面右上角、背面左上角编写页号。图表、照片可编在与此相应位置的空白处或其背面；卷内目录、备考表可不编页号。编写页号应使用阿拉伯数字，起始号码从“1”开始。

3. 卷内目录编制应符合下列规定：

（1）顺序号应按卷内材料的排列顺序，每份材料应编1个顺序号，不得重复、遗漏；

（2）材料题名应为材料自身的标题，不得随意更改和省略。如材料没有标题，应根据材料内容拟写一个标题；

（3）页次应填写该材料所在的起始页，最后页应填起止页号；

（4）备注应填写需注明的内容。

4. 备考表的编制应符合下列规定：

（1）立卷人应为负责归档材料立卷装订的人员；

（2）检查人应为负责检查归档材料立卷装订质量的人员；

（3）日期应为归档材料立卷装订完毕的日期。

5. 卷皮与资料盒或资料袋项目的填写可采用计算机打印或手工填写。手工填写时应使用黑色墨水或墨汁填写，字体工整，不得涂改。

19.2.5 编号

资料编号可采用归档流水号统一制定编号规则。

19.2.6 装订

资料装订应符合下列规定：

1. 材料上的金属物应全部剔除干净，操作时不得损坏材料，不得对材料进行剪裁；

2. 破损的或幅面过小的材料应采用A4白衬纸托裱，1页白衬纸应托裱1张材料，不得托裱2张及以上材料；字迹扩散的应复制并与原件一起存档，原件在前，复制件在后；

3. 幅面大于A4的材料，应按A4大小折叠整齐，并预留出装订边际；

4. 卷内目录题名与卷内材料题名、卷皮姓名或名称与卷内材料姓名或名称应保持一致。姓名或名称不得用同音字或随意简化字代替；

5. 卷内材料应向左下角对齐，装订孔中心线距材料左边际应为12.5mm；

6. 应在材料左侧采用线绳装订；

7. 材料折叠后过厚的，应在装订线位置加入垫片保持其平整；

8. 卷内材料与卷皮装订在一起的，应整齐美观，不得压字、掉页，不得妨碍翻阅。

19.2.7 入库

纸质资料整理装订完毕，宜消毒除尘后入库。

19.2.8 上架

纸质资料入库后，宜及时上架，以备查验和利用。

19.2.9 保管

不动产登记资料保管，应符合下列规定：

1. 资料库房应安装温湿度记录仪、配备空调及去湿、增湿设备，并应定期进行检修、保养；库房的温度应控制在14℃~24℃，相对湿度应控制在45%~60%；

2. 资料库房应配备消防器材，并应按要求定期进行检查和更换；应安全使用电器设备，并应定期检查电器线路；库房内严禁明火装置和使用电炉及存放易燃易爆物品；库房内应安装防火及防盗自动报警装置，并应定期检查；

3. 资料库房人工照明光源宜选用白炽灯，照度不宜超过100Lx；当采用荧光灯时，应对紫外线进行过滤；不宜采用自然光源，当有外窗时应采取遮阳措施，资料在任何情况下均应避免阳光直射；

4. 资料密集架应与地面保持80mm以上距离，其排列应便于通风降湿；

5. 应检查虫霉、鼠害。当发现虫霉、鼠害时，应及时投放药剂，灭菌杀虫；

6. 应配备吸尘器，加装密封门。有条件的可设置空气过滤装置。

19.3 电子资料管理

19.3.1 一般规定

电子资料的范围应包括电子资料目录、电子登记簿和纸质资料的数字化加工处理成果。

1. 电子资料应以1次登记为1件，按件建立电子资料目录；

2. 电子登记簿应按宗地（宗海）为单位建立并应与电子资料目录形成关联；

3. 不动产登记纸质资料宜进行数字化处理。

19.3.2 纸质资料数字化处理

数字化处理基本流程应包括案卷整理、资料扫描、图像处理、图像存储、数据挂接、数据关联、数据验收、数据备份与异地保存。

数字化扫描处理应符合下列规定：

1. 扫描应根据资料幅面的大小选择相应规格的扫描设备，大幅面资料可采用大幅面扫描仪，也可采用小幅面扫描后的图像拼接方式处理；

2. 对页面为黑白二色且字迹清晰、不带插图的资料，可采用黑白二值模式进行扫描；对页面为黑白二色，但字迹清晰度差或带有插图的资料，以及页面为多色文字的资料，可采用灰度模式扫描；对页面中有红头、印章或插有黑白照片、彩色照片、彩色插图的资料，可采用彩色模式进行扫描；

3. 当采用黑白二值、灰度、彩色等模式对资料进行扫描时，其分辨率宜选择大于或等于100dpi；在文字偏小、密集、清晰度较差等特殊情况下，可适当提高分辨率；

4. 对粘贴折页，可采用大幅面扫描仪扫描，或先分部扫描后拼接；对部分字体很小、字迹密集的情况，可适当提高扫描分辨率，选择灰度扫描或彩色扫描，采用局部深化技术解决；对字迹与表格颜色深度不同的，采用局部淡化技术解决；对页面中有黑白或彩色照片的材料，可采用 JPEG、TIF 等格式储存，应确保照片清晰度。

数字化图像处理应符合下列规定：

1. 对出现偏斜的图像应进行纠偏处理；对方向不正确的图像应进行旋转还原；

2. 对图像页面中出现的影响图像质量的杂质，应进行去污处理。处理过程中应遵循在不影响可懂度的前提下展现资料原貌的原则；

3. 对大幅面资料进行分区扫描形成的多幅图像，应进行拼接处理，合并为一个完整的图像；

4. 彩色模式扫描的图像应进行裁边处理，去除多余的白边。

数字化图像存储应符合下列规定：

1. 采用黑白二值模式扫描的图像材料，宜采用 TIF 格式存储；采用灰度模式和彩色模式扫描的材料，宜采用 JPEG 格式存储。存储时的压缩率的选择，应以保证扫描的图像清晰可读为前提。提供网络查询的扫描图像，也可存储为 CEB、PDF 或其他格式；

2. 图像材料的命名应确保其唯一性，并应与电子资料目录形成对应。

数字化成果汇总应当符合下列规定：

资料数字化转换过程中形成的电子资料目录与数字化图像，应通过网络及时加载到数据服务器端汇总、验收，并应实现目录数据对相关联的数字图像的自动搜索，数字图像的排列顺序与纸质资料相符。

19.3.3 电子资料数据验收

电子资料数据验收应符合下列规定：

1. 对录入的目录数据和不动产登记簿数据应进行抽查，抽查率不得低于10%，错误率不得高于3%；

2. 对纸质材料扫描后形成的图像材料应进行清晰度、污渍、黑边、偏斜等图像质量问题的控制；

3. 对图像和目录数据挂接应进行抽查，抽查率不得低于10%，错误率不得高于3%。

19.3.4 电子资料备份和异地保存

电子资料备份和异地保存应符合下列规定：

1. 电子资料目录、电子登记簿以及纸质资料的数字化加工处理成果均应进行备份；

2. 可选择在线增量备份、定时完全备份以及异地容灾备份的备份方式；

3. 应至少每天1次做好增量数据和材料备份；

4. 应至少每周1次定时做好完全备份，并应根据自身条件，应至少每年1次离线存放。存放地点应符合防火、防盗、防高温、防尘、防光、防潮、防有害气体和防有害生物的要求，还应采用专用的防磁柜存放；

5. 应建立异地容灾体系，应对可能的灾害事故。异地容灾的数据存放地点与源数据存放地点距离不得小于20km，在地震灾害频发地区，间隔距离不宜小于800km；

6. 备份数据应定期进行检验。备份数据检验的主要内容宜包括备份数据正常打开、数据信息完整、材料数量准确等；

7. 数据与灾备机房的设计应符合现行国家标准《电子信息系统机房设计规范》GB50174 的规定。

20 登记资料查询

20.1 查询主体

下列情形可以依法查询不动产登记资料：

1. 权利人可以查询、复制其全部的不动产登记资料；

2. 因不动产交易、继承、诉讼等涉及的利害关系人可以查询、复制不动产自然状况、权利人及其不动产查封、抵押、预告登记、异议登记等状况；

3. 人民法院、人民检察院、国家安全机关、监察机关以及其他因执行公务需要的国家机关可以依法查询、复制与调查和处理事项有关的不动产登记资料；

4. 法律、行政法规规定的其他情形。

查询不动产登记资料的单位和个人应当向不动产登记机构说明查询目的，不得将查询获得的不动产登记资料用于其他目的；未经权利人同意，不得泄露查询获得的不动产登记信息。

20.2 申请材料

申请人申请查询不动产登记资料，应当填写不动产登记机构制定的不动产登记资料查询申请书，并应当到不动产登记机构现场提出申请。查询不动产登记资料提交的材料包括：

1. 查询申请书；

2. 申请人身份证明材料。委托查询的，应当提交授权委托书和代理人的身份证明材料，境外委托人的授权委托书还需经公证或者认证；

3. 利害关系人查询的，提交存在利害关系的材料；

4. 人民法院、人民检察院、国家安全机关、监察机关以及其他因执行公务需要的国家机关查询的，应当提供本单位出具的协助查询材料和工作人员的工作证和执行公务的证明文件；

5. 法律、行政法规规定的其他材料。

不动产登记簿上记载的权利人通过设置在具体办理不动产登记的不动产登记机构的终端自动系统查询登记结果的，可以不提交上述材料。

20.3　查询条件

符合下列条件的，不动产登记机构应当予以查询或复制不动产登记资料：

1. 查询主体到不动产登记机构来查询的；

2. 查询的不动产属于本不动产登记机构的管辖范围；

3. 查询申请材料齐全，且符合形式要求；

4. 查询主体及其内容符合本规范第 20.1 条的规定；

5. 查询目的明确且不违反法律、行政法规规定；

6. 法律、行政法规规定的其他条件。

20.4　出具查询结果

查询人要求出具查询结果证明的，不动产登记机构应当审查申请人的查询目的是否明确，审查是否符合本规范第 20.3 条规定的查询条件。经审查符合查询条件的，按下列程序办理：

1. 申请人签字确认申请材料，并承诺查询结果的使用目的和使用范围；

2. 向申请人出具查询结果，并在查询结果或者登记资料复印材料上加盖登记资料查询专用章。

20.5　办理时限

符合查询条件的，不动产登记机构应当当场向申请人提供查询结果。因情况特殊，不能当场提供的，应当在 5 个工作日内向申请人提供查询结果。

附　录　A

A.1　不动产登记申请书

不动产登记申请书

收件	编号		收件人	
	日期			

单位：□平方米 □公顷（□亩）、万元

<table>
<tr><td rowspan="2">申请登记事由</td><td colspan="4">□土地所有权 □国有建设用地使用权 □宅基地使用权 □集体建设用地使用权
□土地承包经营权 □林地使用权 □海域使用权 □无居民海岛使用权
□房屋所有权 □构筑物所有权 □森林、林木所有权 □森林、林木使用权
□抵押权 地役权 □其他________</td></tr>
<tr><td colspan="4">□首次登记 □转移登记 □变更登记 □注销登记 □更正登记 □异议登记
□预告登记 □查封登记 □其他________</td></tr>
<tr><td rowspan="14">申请人情况</td><td colspan="4">登 记 申 请 人</td></tr>
<tr><td>权利人姓名（名称）</td><td colspan="3"></td></tr>
<tr><td>身份证件种类</td><td></td><td>证件号</td><td></td></tr>
<tr><td>通讯地址</td><td></td><td>邮　编</td><td></td></tr>
<tr><td>法定代表人或负责人</td><td></td><td>联系电话</td><td></td></tr>
<tr><td>代理人姓名</td><td></td><td>联系电话</td><td></td></tr>
<tr><td>代理机构名称</td><td colspan="3"></td></tr>
<tr><td colspan="4">登 记 申 请 人</td></tr>
<tr><td>义务人姓名（名称）</td><td colspan="3"></td></tr>
<tr><td>身份证件种类</td><td></td><td>证件号</td><td></td></tr>
<tr><td>通讯地址</td><td></td><td>邮　编</td><td></td></tr>
<tr><td>法定代表人或负责人</td><td></td><td>联系电话</td><td></td></tr>
<tr><td>代理人姓名</td><td></td><td>联系电话</td><td></td></tr>
<tr><td>代理机构名称</td><td colspan="3"></td></tr>
</table>

续表

<table>
<tr><td rowspan="5">不动产情况</td><td>坐　落</td><td colspan="3"></td></tr>
<tr><td>不动产单元号</td><td></td><td>不动产类型</td><td></td></tr>
<tr><td>面　积</td><td></td><td>用　途</td><td></td></tr>
<tr><td>原不动产权属证书号</td><td></td><td>用海类型</td><td></td></tr>
<tr><td>构筑物类型</td><td></td><td>林　种</td><td></td></tr>
<tr><td rowspan="2">抵押情况</td><td>被担保债权数额
（最高债权数额）</td><td></td><td>债务履行期限
（债权确定期间）</td><td></td></tr>
<tr><td>在建建筑物抵押范围</td><td colspan="3"></td></tr>
<tr><td rowspan="2">地役权情况</td><td>需役地坐落</td><td colspan="3"></td></tr>
<tr><td>需役地不动产单元号</td><td colspan="3"></td></tr>
<tr><td rowspan="7">登记原因及证明</td><td>登记原因</td><td colspan="3"></td></tr>
<tr><td rowspan="6">登记原因
证明文件</td><td colspan="3">1.</td></tr>
<tr><td colspan="3">2.</td></tr>
<tr><td colspan="3">3.</td></tr>
<tr><td colspan="3">4.</td></tr>
<tr><td colspan="3">5.</td></tr>
<tr><td colspan="3">6.</td></tr>
<tr><td colspan="2">申请证书版式</td><td>□单一版　□集成版</td><td>申请分别持证</td><td>□是　□否</td></tr>
<tr><td>备注</td><td colspan="4"></td></tr>
<tr><td colspan="5">本申请人对填写的上述内容及提交的申请材料的真实性负责。如有不实，申请人愿承担法律责任。

申请人（签章）：　　　　申请人（签章）：
代理人（签章）：　　　　代理人（签章）：
年　月　日　　　　年　月　日</td></tr>
</table>

不动产登记申请书使用和填写说明

一、使用说明

不动产登记申请书主要内容包括登记收件情况、申请登记事由、申请人情况、不动产情况、抵押情况、地役权情况、登记原因及其证明情况、申请的证书版式及持证情况、不动产登记情况。

不动产登记申请书为示范表格，各地可参照使用，也可以根据实际情况，从便民利民和方便管理出发，进行适当调整。

二、填写说明

【收件编号、时间】填写登记收件的编号和时间。

【收件人】填写登记收件人的姓名。

【登记申请事由】用勾选的方式，选择申请登记的权利或事项及登记的类型。

【权利人、义务人姓名（名称）】填写权利人和义务人身份证件上的姓名或名称。

【身份证件种类、证件号】填写申请人身份证件的种类及编号。境内自然人一般为《居民身份证》，无《居民身份证》的，可以为《户口簿》《军官证》《士官证》；法人或其他组织一般为《营业执照》《组织机构代码证》《事业单位法人证书》《社会团体法人登记证书》。港澳同胞的为《居民身份证》《港澳居民来往内地通行证》或《港澳同胞回乡证》；台湾同胞的为《台湾居民来往大陆通行证》或其他有效证件。外籍人的身份证件为《护照》和中国政府主管机关签发的居留证件。

【通讯地址、邮编】填写规范的通讯地址、邮政编码。

【法定代表人或负责人】申请人为法人单位的，填写法定代表人姓名；为非法人单位的，填写负责人姓名。

【代理人姓名】填写代权利人申请登记的代理人姓名。

【代理机构名称】代理人为专业登记代理机构的，填写其所属的代理机构名称，否则不填。

【联系电话】填写登记申请人或者登记代理人的联系电话。

【坐落】填写宗地、宗海所在地的地理位置名称。涉及地上房屋的，填写有关部门依法确定的房屋坐落，一般包括街道名称、门牌号、幢号、楼层号、房号等。

【不动产单元号】填写不动产单元的编号。

【不动产类型】填写土地、海域、无居民海岛、房屋、建筑物、构筑物或者森林、林木等。

【面积】填写不动产单元的面积。涉及宗地、宗海及房屋、构筑物的，分别填写宗地、宗海及房屋、构筑物的面积。

【用途】填写不动产单元的用途。涉及宗地、宗海及房屋、构筑物的，分别填写宗地、宗海及房屋、构筑物的用途。

【原不动产权属证书号】填写原来的不动产权证书或者登记证明的编号。

【用海类型】填写《海域使用分类体系》用海类型的二级分类。

【构筑物类型】填写构筑物的类型，包括隧道、桥梁、水塔等地上构筑物类型，透水构筑物、非透水构筑物、跨海桥梁、海底隧道等海上构筑物类型。

【林种】填写森林种类，包括防护林、用材林、经济林、薪炭林、特种用途林等。

【被担保债权数额（最高债权数额）】填写被担保的主债权金额。

【债务履行期限（债权确定期间）】填写主债权合同中约定的债务人履行债务的期限。

【在建建筑物抵押范围】填写抵押合同约定的在建建筑物抵押范围。

【需役地坐落、不动产单元号】填写需役地所在的坐落及其不动产单元号。

【登记原因】填写不动产权利首次登记、转移登记、变更登记、注销登记、更正登记等的具体原因。

【登记原因证明文件】填写申请登记提交的登记原因证明文件。

【申请证书版式】用勾选的方式选择单一版或者集成版。

【申请分别持证】用勾选的方式选择是或者否。

【备注】可以填写登记申请人在申请中认为需要说明的其他事项。

A.2 通知书、告知书

A.2.1 不动产登记受理凭证

不动产登记受理凭证

编号：

______________________：

________年____月____日，收到你（单位）______________（不动产坐落及登记类型）________________以下申请登记材料，经核查，现予受理。

本申请登记事项办理时限为：自受理之日起至________年____月____日止。请凭本凭证、身份证明领取办理结果。

已提交的申请材料	份　数	材料形式
		□原件　□复印件
		□原件　□复印件
		□原件　□复印件
		□原件　□复印件
		□原件　□复印件
		□原件　□复印件
		□原件　□复印件

登记机构：（印　章）

年　　月　　日

以下内容在领取登记结果时填写

登记结果：______________________

领 取 人：______________________

领取日期：______________________

A. 2. 2 不动产登记不予受理告知书

不动产登记不予受理告知书

编号：

______________________：

______年____月____日，你（单位）申请的____________（不动产坐落及登记类型）____________，提交材料清单如下：

1. ______________________________
2. ______________________________
3. ______________________________
4. ______________________________
5. ______________________________
6. ______________________________
7. ______________________________
8. ______________________________
9. ______________________________

经核查，上述申请因□申请登记材料不齐全；□申请登记材料不符合法定形式；□申请登记的不动产不属于本机构登记管辖范围；□不符合法律法规规定的其他情形，按照《不动产登记暂行条例》第十七条的规定，决定不予受理。具体情况如下：______________

______________________________。

若对不予受理的决定不服，可自收到本告知书之日起60日内向行政复议机关申请行政复议，或者在收到本告知书之日起6个月内向人民法院提起行政诉讼。

登记机构：（印　章）

年　　月　　日

收件人签字：____________________

申请人签字：____________________

A.2.3　不动产登记补充材料通知书

不动产登记补充材料通知书

编号：

________________________：

________年____月____日，收到你（单位）________________（不动产坐落及登记类型）________________申请，受理编号为____________。经核查，因所提交的申请材料尚不足以证明申请登记相关事项，按照《不动产登记暂行条例》第十七条的规定，请补充以下申请材料：

需补充的申请材料	份　数	材料形式
		□原件　□复印件
		□原件　□复印件
		□原件　□复印件
		□原件　□复印件
		□原件　□复印件
		□原件　□复印件
		□原件　□复印件

请按照上述要求补正材料并送达不动产登记机构，补正材料时间不计入登记办理时限。

登记机构：（印　章）

年　　月　　日

收件人签字：________________

申请人签字：________________

A.2.4　不动产登记补充材料接收凭证

不动产登记补充材料接收凭证

编号：

____________________：

________年____月____日，收到你（单位）受理编号为__________的补正材料，具体如下：

已补正的文件资料	份　数	材料形式
		□原件　□复印件
		□原件　□复印件
		□原件　□复印件
		□原件　□复印件
		□原件　□复印件
		□原件　□复印件
		□原件　□复印件
		□原件　□复印件

登记机构：(印　章)

年　　月　　日

收件人签字：____________________

申请人签字：____________________

注：登记办理时限自补充申请材料之日起重新计算。

A.2.5　不予登记告知书

不予登记告知书

编号：

____________________：

________年____月____日，收到你（单位）______________（不

动产坐落及登记类型)______________申请，受理编号为：________
________。经审查，因□违反法律、行政法规规定 □存在尚未解决的权属争议 □申请登记的不动产权利超过规定期限 □法律、行政法规规定不予登记的其他情形，根据《不动产登记暂行条例》第二十二条的规定，决定不予登记。具体情况如下：__________________
____。

若对本决定内容不服，可自收到本告知书之日起60日内向行政复议机关申请行政复议，或者在收到本告知书之日起6个月内向人民法院提起行政诉讼。

登记机构：(印　章)
年　　月　　日

申请人签字：____________________
签 收 日 期：________年____月____日
注：申请材料已留复印件存档。

A. 2. 6　不动产登记申请材料退回通知书

不动产登记申请材料退回通知书

编号：

______________________：

由于__________________，根据《不动产登记暂行条例实施细则》第十三条的规定，本登记机构将你（单位）__________
（不动产坐落及登记类型）__________的申请材料退回。

退回的申请材料	份　数	材料形式
		□原件　□复印件
		□原件　□复印件

续表

退回的申请材料	份　数	材料形式
		□原件　□复印件
		□原件　□复印件
		□原件　□复印件
		□原件　□复印件
		□原件　□复印件
		□原件　□复印件

登记人员签字：____________________

申 请 人 签 字：____________________

签 收 日 期：____________________

注：申请材料已留复印件存档。

A. 2. 7　不动产更正登记通知书

不动产更正登记通知书

编号：

________________________：

因不动产登记簿记载事项错误，请你自接到本通知之日起的 30 个工作日内持本人身份证明材料和不动产权属证书等申请办理更正登记。逾期未申请办理的，我机构将根据《不动产登记暂行条例实施细则》第八十一条的规定，对不动产登记簿记载的错误事项进行更正登记。

更正内容如下：________________（应当说明原错误的具体内容和更正后的内容）____。

登记机构：（印　章）

年　　月　　日

A.3 **公告文书**

A.3.1 不动产首次登记公告

不动产首次登记公告

编号：________

经初步审定，我机构拟对下列不动产权利予以首次登记，根据《不动产登记暂行条例实施细则》第十七条的规定，现予公告。如有异议，请自本公告之日起十五个工作日内（______年____月____日之前）将异议书面材料送达我机构。逾期无人提出异议或者异议不成立的，我机构将予以登记。

异议书面材料送达地址：________________________________

联系方式：________________________________

序号	权利人	不动产权利类型	不动产坐落	不动产单元号	不动产面积	用途	备注
1							
2							
3							

公告单位：

年　　月　　日

A.3.2 不动产更正登记公告

不动产更正登记公告

编号：________

根据《不动产登记暂行条例实施细则》第八十一条的规定，拟对下列不动产登记簿的部分内容予以更正，现予公告。如有异议，请自本公告之日起十五个工作日内（________年____月____日之前）将异议书面材料送达我机构。逾期无人提出异议或者异议不成立的，我机构将予以更正登记。

异议书面材料送达地址：________________

联系方式：________________

序号	不动产坐落	更正内容	备注
1			
2			
3			

公告单位：

年　　月　　日

A. 3. 3　不动产权证书/登记证明作废公告

不动产权证书/登记证明作废公告

编号：________

因我机构无法收回下列不动产权证书或不动产登记证明，根据《不动产登记暂行条例实施细则》第二十三条的规定，现公告作废。

序号	不动产权证书或不动产登记证明号	权利人	不动产权利类型	不动产单元号	不动产坐落	备注
1						
2						
3						

公告单位：

年　　月　　日

A.3.4 不动产权证书/登记证明遗失（灭失）声明

不动产权证书/登记证明遗失（灭失）声明

＿＿＿＿＿＿＿＿因保管不善，将＿＿＿＿＿＿＿＿号不动产权证书或不动产登记证明遗失（灭失），根据《不动产登记暂行条例实施细则》第二十二条的规定申请补发，现声明该不动产权证书或不动产登记证明作废。

特此声明。

声明人：

年　月　日

A.4 不动产实地查看记录表

不动产实地查看记录表

不动产权利类型		申请人申请登记事项		业务编号	
不动产坐落（名称）					
查看内容	□ 查看拟登记的房屋等建筑物、构筑物坐落及其建造完成等情况 □ 查看拟抵押的在建建筑物坐落及其建造等情况 □ 查看不动产灭失等情况 □ 因＿＿＿＿＿＿＿＿＿＿＿＿＿＿＿＿， 查看＿＿＿＿＿＿＿＿＿＿＿＿＿＿＿＿。				
查看结果及其说明					

续表

查看人员签字	年　　月　　日
备注	1. 现场照片应当能清晰显示被查看不动产的坐落（如永久性的标志物），应能体现查看结果； 2. 现场查看证据材料可粘贴附页； 3. 查看人员需两人，用黑色钢笔或签字笔签字。

A.5 询问记录

询问记录

受理编号：____________________

询问人：____________________

1. 申请登记事项是否为申请人的真实意思表示？

回答：(请填写是或否)

2. 申请登记的不动产是共有，还是单独所有？

回答：(请填写共有或单独所有)

3. 申请登记的不动产是按份共有，还是共同共有？

回答：(共有情况下，请填写是按份共有或共同共有)

4. 申请登记的不动产共有份额情况？

回答：（按份共有情况下，请填写具体份额。共同共有人不填写本栏）

5. 申请异议登记时，权利人是否不同意办理更正登记？

回答：（申请异议登记时填写，申请其他登记不填写本栏）

6. 申请异议登记时，是否已知悉异议不当应承担的责任？

回答：（申请异议登记时填写，申请其他登记不填写本栏）

7. 申请本次转移登记时，其他按份共有人是否同意。
回答：（受让人为其他按份共有人以外的第三人时填写）

8. 其他需要询问的有关事项：

经被询问人确认，以上询问事项均回答真实、无误。

被询问人签名（签章）：
年　　月　　日

A.6　不动产登记资料查询文书

A.6.1　不动产登记资料查询申请书

不动产登记资料查询申请书

编号：

<table>
<tr><td rowspan="5">查询申请人</td><td rowspan="2">姓名
（名称）</td><td rowspan="2"></td><td>证件类型及号码</td><td></td></tr>
<tr><td>联系电话</td><td></td></tr>
<tr><td rowspan="2">代理人</td><td rowspan="2"></td><td>证件类别及号码</td><td></td></tr>
<tr><td>联系电话</td><td></td></tr>
<tr><td>类别</td><td colspan="3">□不动产权利人
□人民法院、人民检察院、国家安全机关、公安机关、监察机关等国家机关
□利害关系人</td></tr>
<tr><td colspan="2">提交的
申请材料</td><td colspan="3">□查询人身份证明　□工作证或执行公务的证明文件（仅适用国家机关）
□授权委托书及代理人身份证明（委托查询的需提交）
□存在利害关系的证明材料（查询人为利害关系人的需提交）
□协助查询文件（仅适用国家机关）
□其他________________________________</td></tr>
<tr><td colspan="2">查询目的或用途</td><td colspan="3"></td></tr>
</table>

续表

需查询的不动产及查询内容	不动产坐落： 不动产权证书或不动产登记证明号： □不动产自然状况 □不动产权利人 □不动产权利内容 □不动产查封登记 □不动产抵押登记 □不动产预告登记 □不动产异议登记 □其他________________
查询结果要求	□查阅 □抄录 □复制 □出具查询结果证明
承诺：本表填写内容以及提交的申请材料真实、合法、有效，并严格按照有关要求查阅、利用不动产登记资料，严格按照查询目的使用查询结果。如有虚假或违反，由本人（单位）承担相关法律责任。 查询申请人： ____年___月___日	

A. 6. 2　不动产登记资料查询受理凭证

不动产登记资料查询受理凭证

编号：

________________：

____年___月___日，收到你（单位）提交的不动产登记查询申请材料。经核查，申请登记材料齐全且符合法定形式，现予以受理。

已提交的文件资料	件　数	材料介质
		□原件 □复印件
		□原件 □复印件
		□原件 □复印件
		□原件 □复印件
		□原件 □复印件
		□原件 □复印件
		□原件 □复印件
		□原件 □复印件
		□原件 □复印件

办理时限为：自受理之日起5个工作日。请你（单位）凭本受理通知书、身份证明领取查询结果。

登记机构：(印 章)

年　　月　　日

收件人签字：________________________

查询人签字：________________________

A. 6. 3　不动产登记资料查询不予受理告知书

不动产登记资料查询不予受理告知书

编号：

________________________：

________年____月____日，收到你（单位）提交的不动产登记查询材料，申请查询________________________，查询目的为________________________。提交的清单如下：

1. ________________________
2. ________________________
3. ________________________
4. ________________________
5. ________________________

经核查，上述□不动产不属于本机构管辖范围；□申请材料不符合规定；□申请查询的主体或查询事项不符合规定；□申请查询的目的不合法；□违反法律、行政法规有关规定，决定不予受理。具体情况如下：________________________

____

____

若对本决定内容不服，可自接到本告知书之日起60日内向行政复议机关申请行政复议，或者在收到本告知书之日起6个月内向人民法院提起行政诉讼。

登记机构：（印　章）
年　　月　　日

收件人签字：________________________
查询人签字：________________________

A.6.4　不动产登记资料查询结果证明

不动产登记资料查询结果证明

编号：

________________________：
________年____月____日，你（单位）提出不动产登记资料查询申请，受理编号为________________________。
经查询，结果如下：________________________________。

登记机构：（印　章）
年　　月　　日

领取人：________________________
领取日期：____________________

A.7　授权委托书

授权委托书

委托人：______________　法定代表人：________________
身份证明类型：________　证 件 号 码：________________

联系地址：____________ 邮 政 编 码：________________
电　话：____________________

受托人：______________ 法定代表人：________________
身份证明类型：________ 证 件 号 码：________________
联系地址：____________ 邮 政 编 码：________________
电　话：____________________

委托期限：______年____月____日至______年____月____日。

现委托人委托______________为合法代理人，代表委托人办理坐落于________________之不动产的以下事项：

1. ____
2. ____
3. ____
4. ____
5. ____

受托人在其权限范围内依法所作的一切行为，接受问询的行为及签署的一切文件，委托人均予以承认。

委托人签名（或盖章）：　　　　　　受托人签名（或盖章）：
年　月　日　　　　　　年　月　日

A. 8　承诺书

承诺书

监护人：______________ 法定代表人：________________
身份证明类型：________ 证 件 号 码：________________

联系地址：__________ 邮政编码：______________

电　话：__________________

被监护人：____________________

身份证明类型：_______ 证件号码：______________

联系地址：__________ 邮政编码：______________

电　话：__________________

监护人现承诺，对被监护人不动产权（不动产坐落：________）所进行的处分（处分的类型：__________）是为被监护人的利益且自愿承担由此产生的一切法律责任。

签名（盖章）：

年　　月　　日

A.9　继承（受遗赠）不动产登记具结书

继承（受遗赠）不动产登记具结书

申请人：______________ 身份证明号码______________

被继承人（遗赠人）：____ 身份证明号码______________

申请人__________因继承（受遗赠）被继承人（遗赠人）的不动产权，于_______年____月____日向______________（不动产登记机构）__________申请办理不动产登记，并提供了__________________________等申请材料，并保证以下事项的真实性：

一、被继承人（遗赠人）__________于_______年____月____日__________死亡。

二、被继承人（遗赠人）的不动产坐落于__________。

三、被继承人（遗赠人）的不动产权由______________继承

(受遗赠)。

四、除第三项列举的继承人（受遗赠人）外，其他继承人放弃继承权或者无其他继承人（受遗赠人)。

以上情况如有不实，本人愿承担一切法律责任，特此具结。

具结人签名（盖章)：

年　　月　　日

中华人民共和国土地管理法

(1986年6月25日第六届全国人民代表大会常务委员会第十六次会议通过　根据1988年12月29日第七届全国人民代表大会常务委员会第五次会议《关于修改〈中华人民共和国土地管理法〉的决定》第一次修正　1998年8月29日第九届全国人民代表大会常务委员会第四次会议修订　根据2004年8月28日第十届全国人民代表大会常务委员会第十一次会议《关于修改〈中华人民共和国土地管理法〉的决定》第二次修正　根据2019年8月26日第十三届全国人民代表大会常务委员会第十二次会议《关于修改〈中华人民共和国土地管理法〉、〈中华人民共和国城市房地产管理法〉的决定》第三次修正)

第一章　总　　则

第一条　为了加强土地管理，维护土地的社会主义公有制，保护、开发土地资源，合理利用土地，切实保护耕地，促进社会经济的可持续发展，根据宪法，制定本法。

第二条　中华人民共和国实行土地的社会主义公有制，即全民所有制和劳动群众集体所有制。

全民所有，即国家所有土地的所有权由国务院代表国家行使。

任何单位和个人不得侵占、买卖或者以其他形式非法转让土地。土地使用权可以依法转让。

国家为了公共利益的需要，可以依法对土地实行征收或者征用并给予补偿。

国家依法实行国有土地有偿使用制度。但是，国家在法律规定的范围内划拨国有土地使用权的除外。

第三条 十分珍惜、合理利用土地和切实保护耕地是我国的基本国策。各级人民政府应当采取措施，全面规划，严格管理，保护、开发土地资源，制止非法占用土地的行为。

第四条 国家实行土地用途管制制度。

国家编制土地利用总体规划，规定土地用途，将土地分为农用地、建设用地和未利用地。严格限制农用地转为建设用地，控制建设用地总量，对耕地实行特殊保护。

前款所称农用地是指直接用于农业生产的土地，包括耕地、林地、草地、农田水利用地、养殖水面等；建设用地是指建造建筑物、构筑物的土地，包括城乡住宅和公共设施用地、工矿用地、交通水利设施用地、旅游用地、军事设施用地等；未利用地是指农用地和建设用地以外的土地。

使用土地的单位和个人必须严格按照土地利用总体规划确定的用途使用土地。

第五条 国务院自然资源主管部门统一负责全国土地的管理和监督工作。

县级以上地方人民政府自然资源主管部门的设置及其职责，由省、自治区、直辖市人民政府根据国务院有关规定确定。

第六条 国务院授权的机构对省、自治区、直辖市人民政府以及国务院确定的城市人民政府土地利用和土地管理情况进行督察。

第七条 任何单位和个人都有遵守土地管理法律、法规的义务，并有权对违反土地管理法律、法规的行为提出检举和控告。

第八条 在保护和开发土地资源、合理利用土地以及进行有关的科学研究等方面成绩显著的单位和个人，由人民政府给予奖励。

第二章 土地的所有权和使用权

第九条 城市市区的土地属于国家所有。

农村和城市郊区的土地，除由法律规定属于国家所有的以外，属于农民集体所有；宅基地和自留地、自留山，属于农民集体所有。

第十条 国有土地和农民集体所有的土地，可以依法确定给单位或者个人使用。使用土地的单位和个人，有保护、管理和合理利用土地的义务。

第十一条 农民集体所有的土地依法属于村农民集体所有的，由村集体经济组织或者村民委员会经营、管理；已经分别属于村内两个以上农村集体经济组织的农民集体所有的，由村内各该农村集体经济组织或者村民小组经营、管理；已经属于乡（镇）农民集体所有的，由乡（镇）农村集体经济组织经营、管理。

第十二条 土地的所有权和使用权的登记，依照有关不动产登记的法律、行政法规执行。

依法登记的土地的所有权和使用权受法律保护，任何单位和个人不得侵犯。

第十三条 农民集体所有和国家所有依法由农民集体使用的耕地、林地、草地，以及其他依法用于农业的土地，采取农村集体经济组织内部的家庭承包方式承包，不宜采取家庭承包方式的荒山、荒沟、荒丘、荒滩等，可以采取招标、拍卖、公开协商等方式承包，从事种植业、林业、畜牧业、渔业生产。家庭承包的耕地的承包期为三十年，草地的承包期为三十年至五十年，林地的承包期为三十年至七十年；耕地承包期届满后再延长三十年，草地、林地承包期届满后依法相应延长。

国家所有依法用于农业的土地可以由单位或者个人承包经营，从事种植业、林业、畜牧业、渔业生产。

发包方和承包方应当依法订立承包合同，约定双方的权利和义务。承包经营土地的单位和个人，有保护和按照承包合同约定的用途合理利用土地的义务。

第十四条 土地所有权和使用权争议，由当事人协商解决；协商不成的，由人民政府处理。

单位之间的争议，由县级以上人民政府处理；个人之间、个人与单位之间的争议，由乡级人民政府或者县级以上人民政府处理。

当事人对有关人民政府的处理决定不服的，可以自接到处理决定通知之日起三十日内，向人民法院起诉。

在土地所有权和使用权争议解决前，任何一方不得改变土地利用现状。

第三章 土地利用总体规划

第十五条 各级人民政府应当依据国民经济和社会发展规划、国土整治和资源环境保护的要求、土地供给能力以及各项建设对土地的需求，组织编制土地利用总体规划。

土地利用总体规划的规划期限由国务院规定。

第十六条 下级土地利用总体规划应当依据上一级土地利用总体规划编制。

地方各级人民政府编制的土地利用总体规划中的建设用地总量不得超过上一级土地利用总体规划确定的控制指标，耕地保有量不得低于上一级土地利用总体规划确定的控制指标。

省、自治区、直辖市人民政府编制的土地利用总体规划，应当确保本行政区域内耕地总量不减少。

第十七条 土地利用总体规划按照下列原则编制：

（一）落实国土空间开发保护要求，严格土地用途管制；

（二）严格保护永久基本农田，严格控制非农业建设占用农用地；

（三）提高土地节约集约利用水平；

（四）统筹安排城乡生产、生活、生态用地，满足乡村产业和基础设施用地合理需求，促进城乡融合发展；

（五）保护和改善生态环境，保障土地的可持续利用；

（六）占用耕地与开发复垦耕地数量平衡、质量相当。

第十八条 国家建立国土空间规划体系。编制国土空间规划应当坚持生态优先，绿色、可持续发展，科学有序统筹安排生态、农业、城镇等功能空间，优化国土空间结构和布局，提升国土空间开发、保护的质量和效率。

经依法批准的国土空间规划是各类开发、保护、建设活动的基本依据。已经编制国土空间规划的，不再编制土地利用总体规划和城乡规划。

第十九条 县级土地利用总体规划应当划分土地利用区，明确土地用途。

乡（镇）土地利用总体规划应当划分土地利用区，根据土地使用条件，确定每一块土地的用途，并予以公告。

第二十条 土地利用总体规划实行分级审批。

省、自治区、直辖市的土地利用总体规划，报国务院批准。

省、自治区人民政府所在地的市、人口在一百万以上的城市以及国务院指定的城市的土地利用总体规划，经省、自治区人民政府审查同意后，报国务院批准。

本条第二款、第三款规定以外的土地利用总体规划，逐级上报省、自治区、直辖市人民政府批准；其中，乡（镇）土地利用总体规划可以由省级人民政府授权的设区的市、自治州人民政府批准。

土地利用总体规划一经批准，必须严格执行。

第二十一条 城市建设用地规模应当符合国家规定的标准，充分利用现有建设用地，不占或者尽量少占农用地。

城市总体规划、村庄和集镇规划，应当与土地利用总体规划相衔接，城市总体规划、村庄和集镇规划中建设用地规模不得超过土地利用总体规划确定的城市和村庄、集镇建设用地规模。

在城市规划区内、村庄和集镇规划区内，城市和村庄、集镇建设用地应当符合城市规划、村庄和集镇规划。

第二十二条 江河、湖泊综合治理和开发利用规划，应当与土地利用总体规划相衔接。在江河、湖泊、水库的管理和保护范围以及蓄洪滞洪区内，土地利用应当符合江河、湖泊综合治理和开发利用规划，符合河道、湖泊行洪、蓄洪和输水的要求。

第二十三条 各级人民政府应当加强土地利用计划管理，实行建设用地总量控制。

土地利用年度计划，根据国民经济和社会发展计划、国家产业政策、土地利用总体规划以及建设用地和土地利用的实际状况编制。土地利用年度计划应当对本法第六十三条规定的集体经营性建设用地作出合理安排。土地利用年度计划的编制审批程序与土地利用总体规划的编制审批程序相同，一经审批下达，必须严格执行。

第二十四条 省、自治区、直辖市人民政府应当将土地利用年度计划的执行情况列为国民经济和社会发展计划执行情况的内容，向同级人民代表大会报告。

第二十五条 经批准的土地利用总体规划的修改，须经原批准机关批准；未经批准，不得改变土地利用总体规划确定的土地用途。

经国务院批准的大型能源、交通、水利等基础设施建设用地，需要改变土地利用总体规划的，根据国务院的批准文件修改土地利用总体规划。

经省、自治区、直辖市人民政府批准的能源、交通、水利等基础设施建设用地，需要改变土地利用总体规划的，属于省级人民政府土地利用总体规划批准权限内的，根据省级人民政府的批准文件修改土地利用总体规划。

第二十六条 国家建立土地调查制度。

县级以上人民政府自然资源主管部门会同同级有关部门进行土地调查。土地所有者或者使用者应当配合调查，并提供有关资料。

第二十七条 县级以上人民政府自然资源主管部门会同同级有关部门根据土地调查成果、规划土地用途和国家制定的统一标准，评定土地等级。

第二十八条 国家建立土地统计制度。

县级以上人民政府统计机构和自然资源主管部门依法进行土地统计调查，定期发布土地统计资料。土地所有者或者使用者应当提供有关资料，不得拒报、迟报，不得提供不真实、不完整的资料。

统计机构和自然资源主管部门共同发布的土地面积统计资料是各级人民政府编制土地利用总体规划的依据。

第二十九条 国家建立全国土地管理信息系统，对土地利用状况进行动态监测。

第四章 耕地保护

第三十条 国家保护耕地，严格控制耕地转为非耕地。

国家实行占用耕地补偿制度。非农业建设经批准占用耕地的，按照“占多少，垦多少”的原则，由占用耕地的单位负责开垦与所占用耕地的数量和质量相当的耕地；没有条件开垦或者开垦的耕地不符合要求的，应当按照省、自治区、直辖市的规定缴纳耕地开垦费，专款用于开垦新的耕地。

省、自治区、直辖市人民政府应当制定开垦耕地计划，监督占用耕地的单位按照计划开垦耕地或者按照计划组织开垦耕地，并进行验收。

第三十一条 县级以上地方人民政府可以要求占用耕地的单位将所占用耕地耕作层的土壤用于新开垦耕地、劣质地或者其他耕地的土壤改良。

第三十二条 省、自治区、直辖市人民政府应当严格执行土地利用总体规划和土地利用年度计划，采取措施，确保本行政区域内耕地总量不减少、质量不降低。耕地总量减少的，由国务院责令在规定期限内组织开垦与所减少耕地的数量与质量相当的耕地；耕地质量降低的，由国务院责令在规定期限内组织整治。新开垦和整治的耕地由国务院自然资源主管部门会同农业农村主管部门验收。

个别省、直辖市确因土地后备资源匮乏，新增建设用地后，新开垦耕地的数量不足以补偿所占用耕地的数量的，必须报经国务院批准减免本行政区域内开垦耕地的数量，易地开垦数量和质量相当的耕地。

第三十三条 国家实行永久基本农田保护制度。下列耕地应当根据土地利用总体规划划为永久基本农田，实行严格保护：

（一）经国务院农业农村主管部门或者县级以上地方人民政府批准确定的粮、棉、油、糖等重要农产品生产基地内的耕地；

（二）有良好的水利与水土保持设施的耕地，正在实施改造计划以及可以改造的中、低产田和已建成的高标准农田；

（三）蔬菜生产基地；

（四）农业科研、教学试验田；

（五）国务院规定应当划为永久基本农田的其他耕地。

各省、自治区、直辖市划定的永久基本农田一般应当占本行政区域内耕地的百分之八十以上，具体比例由国务院根据各省、自治区、直辖市耕地实际情况规定。

第三十四条 永久基本农田划定以乡（镇）为单位进行，由县级人民政府自然资源主管部门会同同级农业农村主管部门组织实施。永久基本农田应当落实到地块，纳入国家永久基本农田数据库严格管理。

乡（镇）人民政府应当将永久基本农田的位置、范围向社会公告，并设立保护标志。

第三十五条　永久基本农田经依法划定后，任何单位和个人不得擅自占用或者改变其用途。国家能源、交通、水利、军事设施等重点建设项目选址确实难以避让永久基本农田，涉及农用地转用或者土地征收的，必须经国务院批准。

禁止通过擅自调整县级土地利用总体规划、乡（镇）土地利用总体规划等方式规避永久基本农田农用地转用或者土地征收的审批。

第三十六条　各级人民政府应当采取措施，引导因地制宜轮作休耕，改良土壤，提高地力，维护排灌工程设施，防止土地荒漠化、盐渍化、水土流失和土壤污染。

第三十七条　非农业建设必须节约使用土地，可以利用荒地的，不得占用耕地；可以利用劣地的，不得占用好地。

禁止占用耕地建窑、建坟或者擅自在耕地上建房、挖砂、采石、采矿、取土等。

禁止占用永久基本农田发展林果业和挖塘养鱼。

第三十八条　禁止任何单位和个人闲置、荒芜耕地。已经办理审批手续的非农业建设占用耕地，一年内不用而又可以耕种并收获的，应当由原耕种该幅耕地的集体或者个人恢复耕种，也可以由用地单位组织耕种；一年以上未动工建设的，应当按照省、自治区、直辖市的规定缴纳闲置费；连续二年未使用的，经原批准机关批准，由县级以上人民政府无偿收回用地单位的土地使用权；该幅土地原为农民集体所有的，应当交由原农村集体经济组织恢复耕种。

在城市规划区范围内，以出让方式取得土地使用权进行房地产开发的闲置土地，依照《中华人民共和国城市房地产管理法》的有关规定办理。

第三十九条　国家鼓励单位和个人按照土地利用总体规划，在保护和改善生态环境、防止水土流失和土地荒漠化的前提下，开发未利用的土地；适宜开发为农用地的，应当优先开发成农用地。

国家依法保护开发者的合法权益。

第四十条　开垦未利用的土地，必须经过科学论证和评估，在土地利用总体规划划定的可开垦的区域内，经依法批准后进行。禁止毁坏森林、草原开垦耕地，禁止围湖造田和侵占江河滩地。

根据土地利用总体规划，对破坏生态环境开垦、围垦的土地，有计划有步骤地退耕还林、还牧、还湖。

第四十一条 开发未确定使用权的国有荒山、荒地、荒滩从事种植业、林业、畜牧业、渔业生产的，经县级以上人民政府依法批准，可以确定给开发单位或者个人长期使用。

第四十二条 国家鼓励土地整理。县、乡（镇）人民政府应当组织农村集体经济组织，按照土地利用总体规划，对田、水、路、林、村综合整治，提高耕地质量，增加有效耕地面积，改善农业生产条件和生态环境。

地方各级人民政府应当采取措施，改造中、低产田，整治闲散地和废弃地。

第四十三条 因挖损、塌陷、压占等造成土地破坏，用地单位和个人应当按照国家有关规定负责复垦；没有条件复垦或者复垦不符合要求的，应当缴纳土地复垦费，专项用于土地复垦。复垦的土地应当优先用于农业。

第五章 建设用地

第四十四条 建设占用土地，涉及农用地转为建设用地的，应当办理农用地转用审批手续。

永久基本农田转为建设用地的，由国务院批准。

在土地利用总体规划确定的城市和村庄、集镇建设用地规模范围内，为实施该规划而将永久基本农田以外的农用地转为建设用地的，按土地利用年度计划分批次按照国务院规定由原批准土地利用总体规划的机关或者其授权的机关批准。在已批准的农用地转用范围内，具体建设项目用地可以由市、县人民政府批准。

在土地利用总体规划确定的城市和村庄、集镇建设用地规模范围外，将永久基本农田以外的农用地转为建设用地的，由国务院或者国务院授权的省、自治区、直辖市人民政府批准。

第四十五条　为了公共利益的需要，有下列情形之一，确需征收农民集体所有的土地的，可以依法实施征收：

（一）军事和外交需要用地的；

（二）由政府组织实施的能源、交通、水利、通信、邮政等基础设施建设需要用地的；

（三）由政府组织实施的科技、教育、文化、卫生、体育、生态环境和资源保护、防灾减灾、文物保护、社区综合服务、社会福利、市政公用、优抚安置、英烈保护等公共事业需要用地的；

（四）由政府组织实施的扶贫搬迁、保障性安居工程建设需要用地的；

（五）在土地利用总体规划确定的城镇建设用地范围内，经省级以上人民政府批准由县级以上地方人民政府组织实施的成片开发建设需要用地的；

（六）法律规定为公共利益需要可以征收农民集体所有的土地的其他情形。

前款规定的建设活动，应当符合国民经济和社会发展规划、土地利用总体规划、城乡规划和专项规划；第（四）项、第（五）项规定的建设活动，还应当纳入国民经济和社会发展年度计划；第（五）项规定的成片开发并应当符合国务院自然资源主管部门规定的标准。

第四十六条　征收下列土地的，由国务院批准：

（一）永久基本农田；

（二）永久基本农田以外的耕地超过三十五公顷的；

（三）其他土地超过七十公顷的。

征收前款规定以外的土地的，由省、自治区、直辖市人民政府批准。

征收农用地的，应当依照本法第四十四条的规定先行办理农用地转用审批。其中，经国务院批准农用地转用的，同时办理征地审批手续，不再另行办理征地审批；经省、自治区、直辖市人民政府在征地批准权限内批准农用地转用的，同时办理征地审批手续，不再另行办理征地审批，超过征地批准权限的，应当依照本条第一款的规定另行办理征地审批。

第四十七条 国家征收土地的，依照法定程序批准后，由县级以上地方人民政府予以公告并组织实施。

县级以上地方人民政府拟申请征收土地的，应当开展拟征收土地现状调查和社会稳定风险评估，并将征收范围、土地现状、征收目的、补偿标准、安置方式和社会保障等在拟征收土地所在的乡（镇）和村、村民小组范围内公告至少三十日，听取被征地的农村集体经济组织及其成员、村民委员会和其他利害关系人的意见。

多数被征地的农村集体经济组织成员认为征地补偿安置方案不符合法律、法规规定的，县级以上地方人民政府应当组织召开听证会，并根据法律、法规的规定和听证会情况修改方案。

拟征收土地的所有权人、使用权人应当在公告规定期限内，持不动产权属证明材料办理补偿登记。县级以上地方人民政府应当组织有关部门测算并落实有关费用，保证足额到位，与拟征收土地的所有权人、使用权人就补偿、安置等签订协议；个别确实难以达成协议的，应当在申请征收土地时如实说明。

相关前期工作完成后，县级以上地方人民政府方可申请征收土地。

第四十八条 征收土地应当给予公平、合理的补偿，保障被征地农民原有生活水平不降低、长远生计有保障。

征收土地应当依法及时足额支付土地补偿费、安置补助费以及农村村民住宅、其他地上附着物和青苗等的补偿费用，并安排被征地农民的社会保障费用。

征收农用地的土地补偿费、安置补助费标准由省、自治区、直辖市通过制定公布区片综合地价确定。制定区片综合地价应当综合考虑土地原用途、土地资源条件、土地产值、土地区位、土地供求关系、人口以及经济社会发展水平等因素，并至少每三年调整或者重新公布一次。

征收农用地以外的其他土地、地上附着物和青苗等的补偿标准，由省、自治区、直辖市制定。对其中的农村村民住宅，应当按照先补偿后搬迁、居住条件有改善的原则，尊重农村村民意愿，采取重新安排宅基地建房、提供安置房或者货币补偿等方式给予公平、合理的补偿，并对因征收造成的搬迁、临时安置等费用予以补偿，保障农村村民居住的权利和合法的住房财产权益。

县级以上地方人民政府应当将被征地农民纳入相应的养老等社会保障体系。被征地农民的社会保障费用主要用于符合条件的被征地农民的养老保险等社会保险缴费补贴。被征地农民社会保障费用的筹集、管理和使用办法，由省、自治区、直辖市制定。

第四十九条 被征地的农村集体经济组织应当将征收土地的补偿费用的收支状况向本集体经济组织的成员公布，接受监督。

禁止侵占、挪用被征收土地单位的征地补偿费用和其他有关费用。

第五十条 地方各级人民政府应当支持被征地的农村集体经济组织和农民从事开发经营，兴办企业。

第五十一条 大中型水利、水电工程建设征收土地的补偿费标准和移民安置办法，由国务院另行规定。

第五十二条 建设项目可行性研究论证时，自然资源主管部门可以根据土地利用总体规划、土地利用年度计划和建设用地标准，对建设用地有关事项进行审查，并提出意见。

第五十三条 经批准的建设项目需要使用国有建设用地的，建设单位应当持法律、行政法规规定的有关文件，向有批准权的县级以上人民政府自然资源主管部门提出建设用地申请，经自然资源主管部门审查，报本级人民政府批准。

第五十四条 建设单位使用国有土地，应当以出让等有偿使用方式取得；但是，下列建设用地，经县级以上人民政府依法批准，可以以划拨方式取得：

（一）国家机关用地和军事用地；

（二）城市基础设施用地和公益事业用地；

（三）国家重点扶持的能源、交通、水利等基础设施用地；

（四）法律、行政法规规定的其他用地。

第五十五条 以出让等有偿使用方式取得国有土地使用权的建设单位，按照国务院规定的标准和办法，缴纳土地使用权出让金等土地有偿使用费和其他费用后，方可使用土地。

自本法施行之日起，新增建设用地的土地有偿使用费，百分之三十上缴中央财政，百分之七十留给有关地方人民政府。具体使用管理办法由国务院财政部门会同有关部门制定，并报国务院批准。

第五十六条 建设单位使用国有土地的，应当按照土地使用权出让等有偿使用合同的约定或者土地使用权划拨批准文件的规定使用土地；确需改变该幅土地建设用途的，应当经有关人民政府自然资源主管部门同意，报原批准用地的人民政府批准。其中，在城市规划区内改变土地用途的，在报批前，应当先经有关城市规划行政主管部门同意。

第五十七条 建设项目施工和地质勘查需要临时使用国有土地或者农民集体所有的土地的，由县级以上人民政府自然资源主管部门批准。其中，在城市规划区内的临时用地，在报批前，应当先经有关城市规划行政主管部门同意。土地使用者应当根据土地权属，与有关自然资源主管部门或者农村集体经济组织、村民委员会签订临时使用土地合同，并按照合同的约定支付临时使用土地补偿费。

临时使用土地的使用者应当按照临时使用土地合同约定的用途使用土地，并不得修建永久性建筑物。

临时使用土地期限一般不超过二年。

第五十八条 有下列情形之一的，由有关人民政府自然资源主管部门报经原批准用地的人民政府或者有批准权的人民政府批准，可以收回国有土地使用权：

（一）为实施城市规划进行旧城区改建以及其他公共利益需要，确需使用土地的；

（二）土地出让等有偿使用合同约定的使用期限届满，土地使用者未申请续期或者申请续期未获批准的；

（三）因单位撤销、迁移等原因，停止使用原划拨的国有土地的；

（四）公路、铁路、机场、矿场等经核准报废的。

依照前款第（一）项的规定收回国有土地使用权的，对土地使用权人应当给予适当补偿。

第五十九条 乡镇企业、乡（镇）村公共设施、公益事业、农村村民住宅等乡（镇）村建设，应当按照村庄和集镇规划，合理布局，综合开发，配套建设；建设用地，应当符合乡（镇）土地利用总体规划和土地利用年度计划，并依照本法第四十四条、第六十条、第六十一条、第六十二条的规定办理审批手续。

第六十条 农村集体经济组织使用乡（镇）土地利用总体规划确定的建设用地兴办企业或者与其他单位、个人以土地使用权入股、联营等形式共同举办企业的，应当持有关批准文件，向县级以上地方人民政府自然资源主管部门提出申请，按照省、自治区、直辖市规定的批准权限，由县级以上地方人民政府批准；其中，涉及占用农用地的，依照本法第四十四条的规定办理审批手续。

按照前款规定兴办企业的建设用地，必须严格控制。省、自治区、直辖市可以按照乡镇企业的不同行业和经营规模，分别规定用地标准。

第六十一条 乡（镇）村公共设施、公益事业建设，需要使用土地的，经乡（镇）人民政府审核，向县级以上地方人民政府自然资源主管部门提出申请，按照省、自治区、直辖市规定的批准权限，由县级以上地方人民政府批准；其中，涉及占用农用地的，依照本法第四十四条的规定办理审批手续。

第六十二条 农村村民一户只能拥有一处宅基地，其宅基地的面积不得超过省、自治区、直辖市规定的标准。

人均土地少、不能保障一户拥有一处宅基地的地区，县级人民政府在充分尊重农村村民意愿的基础上，可以采取措施，按照省、自治区、直辖市规定的标准保障农村村民实现户有所居。

农村村民建住宅，应当符合乡（镇）土地利用总体规划、村庄规划，不得占用永久基本农田，并尽量使用原有的宅基地和村内空闲地。编制乡（镇）土地利用总体规划、村庄规划应当统筹并合理安排宅基地用地，改善农村村民居住环境和条件。

农村村民住宅用地，由乡（镇）人民政府审核批准；其中，涉及占用农用地的，依照本法第四十四条的规定办理审批手续。

农村村民出卖、出租、赠与住宅后，再申请宅基地的，不予批准。

国家允许进城落户的农村村民依法自愿有偿退出宅基地，鼓励农村集体经济组织及其成员盘活利用闲置宅基地和闲置住宅。

国务院农业农村主管部门负责全国农村宅基地改革和管理有关工作。

第六十三条 土地利用总体规划、城乡规划确定为工业、商业等经营性用途，并经依法登记的集体经营性建设用地，土地所有权人可以通过出让、出租等方式交由单位或者个人使用，并应当签订书面合同，载明土地界址、面积、动工期限、使用期限、土地用途、规划条件和双方其他权利义务。

前款规定的集体经营性建设用地出让、出租等，应当经本集体经济组织成员的村民会议三分之二以上成员或者三分之二以上村民代表的同意。

通过出让等方式取得的集体经营性建设用地使用权可以转让、互换、出资、赠与或者抵押，但法律、行政法规另有规定或者土地所有权人、土地使用权人签订的书面合同另有约定的除外。

集体经营性建设用地的出租，集体建设用地使用权的出让及其最高年限、转让、互换、出资、赠与、抵押等，参照同类用途的国有建设用地执行。具体办法由国务院制定。

第六十四条 集体建设用地的使用者应当严格按照土地利用总体规划、城乡规划确定的用途使用土地。

第六十五条 在土地利用总体规划制定前已建的不符合土地利用总体规划确定的用途的建筑物、构筑物，不得重建、扩建。

第六十六条 有下列情形之一的，农村集体经济组织报经原批准用地的人民政府批准，可以收回土地使用权：

（一）为乡（镇）村公共设施和公益事业建设，需要使用土地的；

（二）不按照批准的用途使用土地的；

（三）因撤销、迁移等原因而停止使用土地的。

依照前款第（一）项规定收回农民集体所有的土地的，对土地使用权人应当给予适当补偿。

收回集体经营性建设用地使用权，依照双方签订的书面合同办理，法律、行政法规另有规定的除外。

第六章 监督检查

第六十七条 县级以上人民政府自然资源主管部门对违反土地管理法律、法规的行为进行监督检查。

县级以上人民政府农业农村主管部门对违反农村宅基地管理法律、法规的行为进行监督检查的，适用本法关于自然资源主管部门监督检查的规定。

土地管理监督检查人员应当熟悉土地管理法律、法规，忠于职守、秉公执法。

第六十八条 县级以上人民政府自然资源主管部门履行监督检查职责时，有权采取下列措施：

（一）要求被检查的单位或者个人提供有关土地权利的文件和资料，进行查阅或者予以复制；

（二）要求被检查的单位或者个人就有关土地权利的问题作出说明；

（三）进入被检查单位或者个人非法占用的土地现场进行勘测；

（四）责令非法占用土地的单位或者个人停止违反土地管理法律、法规的行为。

第六十九条 土地管理监督检查人员履行职责，需要进入现场进行勘测、要求有关单位或者个人提供文件、资料和作出说明的，应当出示土地管理监督检查证件。

第七十条 有关单位和个人对县级以上人民政府自然资源主管部门就土地违法行为进行的监督检查应当支持与配合，并提供工作方便，不得拒绝与阻碍土地管理监督检查人员依法执行职务。

第七十一条 县级以上人民政府自然资源主管部门在监督检查工作中发现国家工作人员的违法行为，依法应当给予处分的，应当依法予以处理；自己无权处理的，应当依法移送监察机关或者有关机关处理。

第七十二条 县级以上人民政府自然资源主管部门在监督检查工作中发现土地违法行为构成犯罪的，应当将案件移送有关机关，依法追究刑事责任；尚不构成犯罪的，应当依法给予行政处罚。

第七十三条 依照本法规定应当给予行政处罚，而有关自然资源主管部门不给予行政处罚的，上级人民政府自然资源主管部门有权责令有关自然资源主管部门作出行政处罚决定或者直接给予行政处罚，并给予有关自然资源主管部门的负责人处分。

第七章 法律责任

第七十四条 买卖或者以其他形式非法转让土地的，由县级以上人民政府自然资源主管部门没收违法所得；对违反土地利用总体规划擅自将农用地改为建设用地的，限期拆除在非法转让的土地上新建的建筑物和其他设施，恢复土地原状，对符合土地利用总体规划的，没收在非法转让的土地上新建的建筑物和其他设施；可以并处罚款；对直接负责的主管人员和其他直接责任人员，依法给予处分；构成犯罪的，依法追究刑事责任。

第七十五条 违反本法规定，占用耕地建窑、建坟或者擅自在耕地上建房、挖砂、采石、采矿、取土等，破坏种植条件的，或者因开发土地造成土地荒漠化、盐渍化的，由县级以上人民政府自然资源主管部门、农业农村主管部门等按照职责责令限期改正或者治理，可以并处罚款；构成犯罪的，依法追究刑事责任。

第七十六条 违反本法规定，拒不履行土地复垦义务的，由县级以上人民政府自然资源主管部门责令限期改正；逾期不改正的，责令缴纳复垦费，专项用于土地复垦，可以处以罚款。

第七十七条 未经批准或者采取欺骗手段骗取批准，非法占用土地的，由县级以上人民政府自然资源主管部门责令退还非法占用的土地，对违反土地利用总体规划擅自将农用地改为建设用地的，限期拆除在非法占用的土地上新建的建筑物和其他设施，恢复土地原状，对符合土地利用总体规划的，没收在非法占用的土地上新建的建筑物和其他设施，可以并处罚款；对非法占用土地单位的直接负责的主管人员和其他直接责任人员，依法给予处分；构成犯罪的，依法追究刑事责任。

超过批准的数量占用土地，多占的土地以非法占用土地论处。

第七十八条 农村村民未经批准或者采取欺骗手段骗取批准，非法占用土地建住宅的，由县级以上人民政府农业农村主管部门责令退还非法占用的土地，限期拆除在非法占用的土地上新建的房屋。

超过省、自治区、直辖市规定的标准，多占的土地以非法占用土地论处。

第七十九条 无权批准征收、使用土地的单位或者个人非法批准占用土地的，超越批准权限非法批准占用土地的，不按照土地利用总体规划确定的用途批准用地的，或者违反法律规定的程序批准占用、征收土地的，其批准文件无效，对非法批准征收、使用土地的直接负责的主管人员和其他直接责任人员，依法给予处分；构成犯罪的，依法追究刑事责任。非法批准、使用的土地应当收回，有关当事人拒不归还的，以非法占用土地论处。

非法批准征收、使用土地，对当事人造成损失的，依法应当承担赔偿责任。

第八十条 侵占、挪用被征收土地单位的征地补偿费用和其他有关费用，构成犯罪的，依法追究刑事责任；尚不构成犯罪的，依法给予处分。

第八十一条 依法收回国有土地使用权当事人拒不交出土地的，临时使用土地期满拒不归还的，或者不按照批准的用途使用国有土地的，由县级以上人民政府自然资源主管部门责令交还土地，处以罚款。

第八十二条 擅自将农民集体所有的土地通过出让、转让使用权或者出租等方式用于非农业建设，或者违反本法规定，将集体经营性建设用地通过出让、出租等方式交由单位或者个人使用的，由县级以上人民政府自然资源主管部门责令限期改正，没收违法所得，并处罚款。

第八十三条 依照本法规定，责令限期拆除在非法占用的土地上新建的建筑物和其他设施的，建设单位或者个人必须立即停止施工，自行拆除；对继续施工的，作出处罚决定的机关有权制止。建设单位或者个人对责令限期拆除的行政处罚决定不服的，可以在接到责令限期拆除决定之日起十五日内，向人民法院起诉；期满不起诉又不自行拆除的，由作出处罚决定的机关依法申请人民法院强制执行，费用由违法者承担。

第八十四条 自然资源主管部门、农业农村主管部门的工作人员玩忽职守、滥用职权、徇私舞弊，构成犯罪的，依法追究刑事责任；尚不构成犯罪的，依法给予处分。

第八章　附　　则

第八十五条　外商投资企业使用土地的，适用本法；法律另有规定的，从其规定。

第八十六条　在根据本法第十八条的规定编制国土空间规划前，经依法批准的土地利用总体规划和城乡规划继续执行。

第八十七条　本法自1999年1月1日起施行。

中华人民共和国农村土地承包法

（2002年8月29日第九届全国人民代表大会常务委员会第二十九次会议通过　根据2009年8月27日第十一届全国人民代表大会常务委员会第十次会议《关于修改部分法律的决定》第一次修正　根据2018年12月29日第十三届全国人民代表大会常务委员会第七次会议《关于修改〈中华人民共和国农村土地承包法〉的决定》第二次修正）

第一章　总　　则

第一条　为了巩固和完善以家庭承包经营为基础、统分结合的双层经营体制，保持农村土地承包关系稳定并长久不变，维护农村土地承包经营当事人的合法权益，促进农业、农村经济发展和农村社会和谐稳定，根据宪法，制定本法。

第二条　本法所称农村土地，是指农民集体所有和国家所有依法由农民集体使用的耕地、林地、草地，以及其他依法用于农业的土地。

第三条 国家实行农村土地承包经营制度。

农村土地承包采取农村集体经济组织内部的家庭承包方式，不宜采取家庭承包方式的荒山、荒沟、荒丘、荒滩等农村土地，可以采取招标、拍卖、公开协商等方式承包。

第四条 农村土地承包后，土地的所有权性质不变。承包地不得买卖。

第五条 农村集体经济组织成员有权依法承包由本集体经济组织发包的农村土地。

任何组织和个人不得剥夺和非法限制农村集体经济组织成员承包土地的权利。

第六条 农村土地承包，妇女与男子享有平等的权利。承包中应当保护妇女的合法权益，任何组织和个人不得剥夺、侵害妇女应当享有的土地承包经营权。

第七条 农村土地承包应当坚持公开、公平、公正的原则，正确处理国家、集体、个人三者的利益关系。

第八条 国家保护集体土地所有者的合法权益，保护承包方的土地承包经营权，任何组织和个人不得侵犯。

第九条 承包方承包土地后，享有土地承包经营权，可以自己经营，也可以保留土地承包权，流转其承包地的土地经营权，由他人经营。

第十条 国家保护承包方依法、自愿、有偿流转土地经营权，保护土地经营权人的合法权益，任何组织和个人不得侵犯。

第十一条 农村土地承包经营应当遵守法律、法规，保护土地资源的合理开发和可持续利用。未经依法批准不得将承包地用于非农建设。

国家鼓励增加对土地的投入，培肥地力，提高农业生产能力。

第十二条 国务院农业农村、林业和草原主管部门分别依照国务院规定的职责负责全国农村土地承包经营及承包经营合同管理的指导。

县级以上地方人民政府农业农村、林业和草原等主管部门分别依照各自职责，负责本行政区域内农村土地承包经营及承包经营合同管理。

乡（镇）人民政府负责本行政区域内农村土地承包经营及承包经营合同管理。

第二章　家庭承包

第一节　发包方和承包方的权利和义务

第十三条　农民集体所有的土地依法属于村农民集体所有的，由村集体经济组织或者村民委员会发包；已经分别属于村内两个以上农村集体经济组织的农民集体所有的，由村内各该农村集体经济组织或者村民小组发包。村集体经济组织或者村民委员会发包的，不得改变村内各集体经济组织农民集体所有的土地的所有权。

国家所有依法由农民集体使用的农村土地，由使用该土地的农村集体经济组织、村民委员会或者村民小组发包。

第十四条　发包方享有下列权利：

（一）发包本集体所有的或者国家所有依法由本集体使用的农村土地；

（二）监督承包方依照承包合同约定的用途合理利用和保护土地；

（三）制止承包方损害承包地和农业资源的行为；

（四）法律、行政法规规定的其他权利。

第十五条　发包方承担下列义务：

（一）维护承包方的土地承包经营权，不得非法变更、解除承包合同；

（二）尊重承包方的生产经营自主权，不得干涉承包方依法进行正常的生产经营活动；

（三）依照承包合同约定为承包方提供生产、技术、信息等服务；

（四）执行县、乡（镇）土地利用总体规划，组织本集体经济组织内的农业基础设施建设；

（五）法律、行政法规规定的其他义务。

第十六条 家庭承包的承包方是本集体经济组织的农户。

农户内家庭成员依法平等享有承包土地的各项权益。

第十七条 承包方享有下列权利：

（一）依法享有承包地使用、收益的权利，有权自主组织生产经营和处置产品；

（二）依法互换、转让土地承包经营权；

（三）依法流转土地经营权；

（四）承包地被依法征收、征用、占用的，有权依法获得相应的补偿；

（五）法律、行政法规规定的其他权利。

第十八条 承包方承担下列义务：

（一）维持土地的农业用途，未经依法批准不得用于非农建设；

（二）依法保护和合理利用土地，不得给土地造成永久性损害；

（三）法律、行政法规规定的其他义务。

第二节 承包的原则和程序

第十九条 土地承包应当遵循以下原则：

（一）按照规定统一组织承包时，本集体经济组织成员依法平等地行使承包土地的权利，也可以自愿放弃承包土地的权利；

（二）民主协商，公平合理；

（三）承包方案应当按照本法第十三条的规定，依法经本集体经济组织成员的村民会议三分之二以上成员或者三分之二以上村民代表的同意；

（四）承包程序合法。

第二十条 土地承包应当按照以下程序进行：

（一）本集体经济组织成员的村民会议选举产生承包工作小组；

（二）承包工作小组依照法律、法规的规定拟订并公布承包方案；

（三）依法召开本集体经济组织成员的村民会议，讨论通过承包方案；

（四）公开组织实施承包方案；

（五）签订承包合同。

第三节 承包期限和承包合同

第二十一条 耕地的承包期为三十年。草地的承包期为三十年至五十年。林地的承包期为三十年至七十年。

前款规定的耕地承包期届满后再延长三十年，草地、林地承包期届满后依照前款规定相应延长。

第二十二条 发包方应当与承包方签订书面承包合同。

承包合同一般包括以下条款：

（一）发包方、承包方的名称，发包方负责人和承包方代表的姓名、住所；

（二）承包土地的名称、坐落、面积、质量等级；

（三）承包期限和起止日期；

（四）承包土地的用途；

（五）发包方和承包方的权利和义务；

（六）违约责任。

第二十三条 承包合同自成立之日起生效。承包方自承包合同生效时取得土地承包经营权。

第二十四条 国家对耕地、林地和草地等实行统一登记，登记机构应当向承包方颁发土地承包经营权证或者林权证等证书，并登记造册，确认土地承包经营权。

土地承包经营权证或者林权证等证书应当将具有土地承包经营权的全部家庭成员列入。

登记机构除按规定收取证书工本费外，不得收取其他费用。

第二十五条 承包合同生效后，发包方不得因承办人或者负责人的变动而变更或者解除，也不得因集体经济组织的分立或者合并而变更或者解除。

第二十六条 国家机关及其工作人员不得利用职权干涉农村土地承包或者变更、解除承包合同。

第四节 土地承包经营权的保护和互换、转让

第二十七条 承包期内，发包方不得收回承包地。

国家保护进城农户的土地承包经营权。不得以退出土地承包经营权作为农户进城落户的条件。

承包期内，承包农户进城落户的，引导支持其按照自愿有偿原则依法在本集体经济组织内转让土地承包经营权或者将承包地交回发包方，也可以鼓励其流转土地经营权。

承包期内，承包方交回承包地或者发包方依法收回承包地时，承包方对其在承包地上投入而提高土地生产能力的，有权获得相应的补偿。

第二十八条 承包期内，发包方不得调整承包地。

承包期内，因自然灾害严重毁损承包地等特殊情形对个别农户之间承包的耕地和草地需要适当调整的，必须经本集体经济组织成员的村民会议三分之二以上成员或者三分之二以上村民代表的同意，并报乡（镇）人民政府和县级人民政府农业农村、林业和草原等主管部门批准。承包合同中约定不得调整的，按照其约定。

第二十九条 下列土地应当用于调整承包土地或者承包给新增人口：

（一）集体经济组织依法预留的机动地；

（二）通过依法开垦等方式增加的；

（三）发包方依法收回和承包方依法、自愿交回的。

第三十条 承包期内，承包方可以自愿将承包地交回发包方。承包方自愿交回承包地的，可以获得合理补偿，但是应当提前半年以书面形式通知发包方。承包方在承包期内交回承包地的，在承包期内不得再要求承包土地。

第三十一条 承包期内，妇女结婚，在新居住地未取得承包地的，发包方不得收回其原承包地；妇女离婚或者丧偶，仍在原居住地生活或者不在原居住地生活但在新居住地未取得承包地的，发包方不得收回其原承包地。

第三十二条 承包人应得的承包收益，依照继承法的规定继承。

林地承包的承包人死亡，其继承人可以在承包期内继续承包。

第三十三条 承包方之间为方便耕种或者各自需要，可以对属于同一集体经济组织的土地的土地承包经营权进行互换，并向发包方备案。

第三十四条 经发包方同意，承包方可以将全部或者部分的土地承包经营权转让给本集体经济组织的其他农户，由该农户同发包方确立新的承包关系，原承包方与发包方在该土地上的承包关系即行终止。

第三十五条 土地承包经营权互换、转让的，当事人可以向登记机构申请登记。未经登记，不得对抗善意第三人。

第五节 土地经营权

第三十六条 承包方可以自主决定依法采取出租（转包）、入股或者其他方式向他人流转土地经营权，并向发包方备案。

第三十七条　土地经营权人有权在合同约定的期限内占有农村土地，自主开展农业生产经营并取得收益。

第三十八条　土地经营权流转应当遵循以下原则：

（一）依法、自愿、有偿，任何组织和个人不得强迫或者阻碍土地经营权流转；

（二）不得改变土地所有权的性质和土地的农业用途，不得破坏农业综合生产能力和农业生态环境；

（三）流转期限不得超过承包期的剩余期限；

（四）受让方须有农业经营能力或者资质；

（五）在同等条件下，本集体经济组织成员享有优先权。

第三十九条　土地经营权流转的价款，应当由当事人双方协商确定。流转的收益归承包方所有，任何组织和个人不得擅自截留、扣缴。

第四十条　土地经营权流转，当事人双方应当签订书面流转合同。

土地经营权流转合同一般包括以下条款：

（一）双方当事人的姓名、住所；

（二）流转土地的名称、坐落、面积、质量等级；

（三）流转期限和起止日期；

（四）流转土地的用途；

（五）双方当事人的权利和义务；

（六）流转价款及支付方式；

（七）土地被依法征收、征用、占用时有关补偿费的归属；

（八）违约责任。

承包方将土地交由他人代耕不超过一年的，可以不签订书面合同。

第四十一条　土地经营权流转期限为五年以上的，当事人可以向登记机构申请土地经营权登记。未经登记，不得对抗善意第三人。

第四十二条　承包方不得单方解除土地经营权流转合同，但受让方有下列情形之一的除外：

（一）擅自改变土地的农业用途；

（二）弃耕抛荒连续两年以上；

（三）给土地造成严重损害或者严重破坏土地生态环境；

（四）其他严重违约行为。

第四十三条 经承包方同意，受让方可以依法投资改良土壤，建设农业生产附属、配套设施，并按照合同约定对其投资部分获得合理补偿。

第四十四条 承包方流转土地经营权的，其与发包方的承包关系不变。

第四十五条 县级以上地方人民政府应当建立工商企业等社会资本通过流转取得土地经营权的资格审查、项目审核和风险防范制度。

工商企业等社会资本通过流转取得土地经营权的，本集体经济组织可以收取适量管理费用。

具体办法由国务院农业农村、林业和草原主管部门规定。

第四十六条 经承包方书面同意，并向本集体经济组织备案，受让方可以再流转土地经营权。

第四十七条 承包方可以用承包地的土地经营权向金融机构融资担保，并向发包方备案。受让方通过流转取得的土地经营权，经承包方书面同意并向发包方备案，可以向金融机构融资担保。

担保物权自融资担保合同生效时设立。当事人可以向登记机构申请登记；未经登记，不得对抗善意第三人。

实现担保物权时，担保物权人有权就土地经营权优先受偿。

土地经营权融资担保办法由国务院有关部门规定。

第三章　其他方式的承包

第四十八条 不宜采取家庭承包方式的荒山、荒沟、荒丘、荒滩等农村土地，通过招标、拍卖、公开协商等方式承包的，适用本章规定。

第四十九条 以其他方式承包农村土地的，应当签订承包合同，承包方取得土地经营权。当事人的权利和义务、承包期限等，由双方协商确定。以招标、拍卖方式承包的，承包费通过公开竞标、竞价确定；以公开协商等方式承包的，承包费由双方议定。

第五十条 荒山、荒沟、荒丘、荒滩等可以直接通过招标、拍卖、公开协商等方式实行承包经营，也可以将土地经营权折股分给本集体经济组织成员后，再实行承包经营或者股份合作经营。

承包荒山、荒沟、荒丘、荒滩的，应当遵守有关法律、行政法规的规定，防止水土流失，保护生态环境。

第五十一条 以其他方式承包农村土地，在同等条件下，本集体经济组织成员有权优先承包。

第五十二条 发包方将农村土地发包给本集体经济组织以外的单位或者个人承包，应当事先经本集体经济组织成员的村民会议三分之二以上成员或者三分之二以上村民代表的同意，并报乡（镇）人民政府批准。

由本集体经济组织以外的单位或者个人承包的，应当对承包方的资信情况和经营能力进行审查后，再签订承包合同。

第五十三条 通过招标、拍卖、公开协商等方式承包农村土地，经依法登记取得权属证书的，可以依法采取出租、入股、抵押或者其他方式流转土地经营权。

第五十四条 依照本章规定通过招标、拍卖、公开协商等方式取得土地经营权的，该承包人死亡，其应得的承包收益，依照继承法的规定继承；在承包期内，其继承人可以继续承包。

第四章 争议的解决和法律责任

第五十五条 因土地承包经营发生纠纷的，双方当事人可以通过协商解决，也可以请求村民委员会、乡（镇）人民政府等调解解决。

当事人不愿协商、调解或者协商、调解不成的，可以向农村土地承包仲裁机构申请仲裁，也可以直接向人民法院起诉。

第五十六条 任何组织和个人侵害土地承包经营权、土地经营权的，应当承担民事责任。

第五十七条 发包方有下列行为之一的，应当承担停止侵害、排除妨碍、消除危险、返还财产、恢复原状、赔偿损失等民事责任：

（一）干涉承包方依法享有的生产经营自主权；

（二）违反本法规定收回、调整承包地；

（三）强迫或者阻碍承包方进行土地承包经营权的互换、转让或者土地经营权流转；

（四）假借少数服从多数强迫承包方放弃或者变更土地承包经营权；

（五）以划分“口粮田”和“责任田”等为由收回承包地搞招标承包；

（六）将承包地收回抵顶欠款；

（七）剥夺、侵害妇女依法享有的土地承包经营权；

（八）其他侵害土地承包经营权的行为。

第五十八条 承包合同中违背承包方意愿或者违反法律、行政法规有关不得收回、调整承包地等强制性规定的约定无效。

第五十九条 当事人一方不履行合同义务或者履行义务不符合约定的，应当依法承担违约责任。

第六十条 任何组织和个人强迫进行土地承包经营权互换、转让或者土地经营权流转的，该互换、转让或者流转无效。

第六十一条 任何组织和个人擅自截留、扣缴土地承包经营权互换、转让或者土地经营权流转收益的，应当退还。

第六十二条 违反土地管理法规，非法征收、征用、占用土地或者贪污、挪用土地征收、征用补偿费用，构成犯罪的，依法追究刑事责任；造成他人损害的，应当承担损害赔偿等责任。

第六十三条 承包方、土地经营权人违法将承包地用于非农建设的，由县级以上地方人民政府有关主管部门依法予以处罚。

承包方给承包地造成永久性损害的，发包方有权制止，并有权要求赔偿由此造成的损失。

第六十四条 土地经营权人擅自改变土地的农业用途、弃耕抛荒连续两年以上、给土地造成严重损害或者严重破坏土地生态环境，承包方在合理期限内不解除土地经营权流转合同的，发包方有权要求终止土地经营权流转合同。土地经营权人对土地和土地生态环境造成的损害应当予以赔偿。

第六十五条 国家机关及其工作人员有利用职权干涉农村土地承包经营，变更、解除承包经营合同，干涉承包经营当事人依法享有的生产经营自主权，强迫、阻碍承包经营当事人进行土地承包经营权互换、转让或者土地经营权流转等侵害土地承包经营权、土地经营权的行为，给承包经营当事人造成损失的，应当承担损害赔偿等责任；情节严重的，由上级机关或者所在单位给予直接责任人员处分；构成犯罪的，依法追究刑事责任。

第五章 附 则

第六十六条 本法实施前已经按照国家有关农村土地承包的规定承包，包括承包期限长于本法规定的，本法实施后继续有效，不得重新承包土地。未向承包方颁发土地承包经营权证或者林权证等证书的，应当补发证书。

第六十七条 本法实施前已经预留机动地的，机动地面积不得超过本集体经济组织耕地总面积的百分之五。不足百分之五的，不得再增加机动地。

本法实施前未留机动地的，本法实施后不得再留机动地。

第六十八条　各省、自治区、直辖市人民代表大会常务委员会可以根据本法，结合本行政区域的实际情况，制定实施办法。

第六十九条　确认农村集体经济组织成员身份的原则、程序等，由法律、法规规定。

第七十条　本法自2003年3月1日起施行。

中华人民共和国城市房地产管理法

（1994年7月5日第八届全国人民代表大会常务委员会第八次会议通过　根据2007年8月30日第十届全国人民代表大会常务委员会第二十九次会议《关于修改〈中华人民共和国城市房地产管理法〉的决定》第一次修正　根据2009年8月27日第十一届全国人民代表大会常务委员会第十次会议《关于修改部分法律的决定》第二次修正　根据2019年8月26日第十三届全国人民代表大会常务委员会第十二次会议《关于修改〈中华人民共和国土地管理法〉、〈中华人民共和国城市房地产管理法〉的决定》第三次修正）

第一章　总　　则

第一条　为了加强对城市房地产的管理，维护房地产市场秩序，保障房地产权利人的合法权益，促进房地产业的健康发展，制定本法。

第二条　在中华人民共和国城市规划区国有土地（以下简称国有土地）范围内取得房地产开发用地的土地使用权，从事房地产开发、房地产交易，实施房地产管理，应当遵守本法。

本法所称房屋，是指土地上的房屋等建筑物及构筑物。

本法所称房地产开发，是指在依据本法取得国有土地使用权的土地上进行基础设施、房屋建设的行为。

本法所称房地产交易，包括房地产转让、房地产抵押和房屋租赁。

第三条 国家依法实行国有土地有偿、有限期使用制度。但是，国家在本法规定的范围内划拨国有土地使用权的除外。

第四条 国家根据社会、经济发展水平，扶持发展居民住宅建设，逐步改善居民的居住条件。

第五条 房地产权利人应当遵守法律和行政法规，依法纳税。房地产权利人的合法权益受法律保护，任何单位和个人不得侵犯。

第六条 为了公共利益的需要，国家可以征收国有土地上单位和个人的房屋，并依法给予拆迁补偿，维护被征收人的合法权益；征收个人住宅的，还应当保障被征收人的居住条件。具体办法由国务院规定。

第七条 国务院建设行政主管部门、土地管理部门依照国务院规定的职权划分，各司其职，密切配合，管理全国房地产工作。

县级以上地方人民政府房产管理、土地管理部门的机构设置及其职权由省、自治区、直辖市人民政府确定。

第二章 房地产开发用地

第一节 土地使用权出让

第八条 土地使用权出让，是指国家将国有土地使用权（以下简称土地使用权）在一定年限内出让给土地使用者，由土地使用者向国家支付土地使用权出让金的行为。

第九条 城市规划区内的集体所有的土地，经依法征收转为国有土地后，该幅国有土地的使用权方可有偿出让，但法律另有规定的除外。

第十条 土地使用权出让，必须符合土地利用总体规划、城市规划和年度建设用地计划。

第十一条 县级以上地方人民政府出让土地使用权用于房地产开发的，须根据省级以上人民政府下达的控制指标拟订年度出让土地使用权总面积方案，按照国务院规定，报国务院或者省级人民政府批准。

第十二条 土地使用权出让，由市、县人民政府有计划、有步骤地进行。出让的每幅地块、用途、年限和其他条件，由市、县人民政府土地管理部门会同城市规划、建设、房产管理部门共同拟定方案，按照国务院规定，报经有批准权的人民政府批准后，由市、县人民政府土地管理部门实施。

直辖市的县人民政府及其有关部门行使前款规定的权限，由直辖市人民政府规定。

第十三条 土地使用权出让，可以采取拍卖、招标或者双方协议的方式。

商业、旅游、娱乐和豪华住宅用地，有条件的，必须采取拍卖、招标方式；没有条件，不能采取拍卖、招标方式的，可以采取双方协议的方式。

采取双方协议方式出让土地使用权的出让金不得低于按国家规定所确定的最低价。

第十四条 土地使用权出让最高年限由国务院规定。

第十五条 土地使用权出让，应当签订书面出让合同。

土地使用权出让合同由市、县人民政府土地管理部门与土地使用者签订。

第十六条 土地使用者必须按照出让合同约定，支付土地使用权出让金；未按照出让合同约定支付土地使用权出让金的，土地管理部门有权解除合同，并可以请求违约赔偿。

第十七条 土地使用者按照出让合同约定支付土地使用权出让金的，市、县人民政府土地管理部门必须按照出让合同约定，提供出让的土地；未按照出让合同约定提供出让的土地的，土地使用者有权解除合同，由土地管理部门返还土地使用权出让金，土地使用者并可以请求违约赔偿。

第十八条 土地使用者需要改变土地使用权出让合同约定的土地用途的，必须取得出让方和市、县人民政府城市规划行政主管部门的同意，签订土地使用权出让合同变更协议或者重新签订土地使用权出让合同，相应调整土地使用权出让金。

第十九条 土地使用权出让金应当全部上缴财政，列入预算，用于城市基础设施建设和土地开发。土地使用权出让金上缴和使用的具体办法由国务院规定。

第二十条 国家对土地使用者依法取得的土地使用权，在出让合同约定的使用年限届满前不收回；在特殊情况下，根据社会公共利益的需要，可以依照法律程序提前收回，并根据土地使用者使用土地的实际年限和开发土地的实际情况给予相应的补偿。

第二十一条 土地使用权因土地灭失而终止。

第二十二条 土地使用权出让合同约定的使用年限届满，土地使用者需要继续使用土地的，应当至迟于届满前一年申请续期，除根据社会公共利益需要收回该幅土地的，应当予以批准。经批准准予续期的，应当重新签订土地使用权出让合同，依照规定支付土地使用权出让金。

土地使用权出让合同约定的使用年限届满，土地使用者未申请续期或者虽申请续期但依照前款规定未获批准的，土地使用权由国家无偿收回。

第二节 土地使用权划拨

第二十三条 土地使用权划拨，是指县级以上人民政府依法批准，在土地使用者缴纳补偿、安置等费用后将该幅土地交付其使用，或者将土地使用权无偿交付给土地使用者使用的行为。

依照本法规定以划拨方式取得土地使用权的，除法律、行政法规另有规定外，没有使用期限的限制。

第二十四条 下列建设用地的土地使用权，确属必需的，可以由县级以上人民政府依法批准划拨：

（一）国家机关用地和军事用地；

（二）城市基础设施用地和公益事业用地；

（三）国家重点扶持的能源、交通、水利等项目用地；

（四）法律、行政法规规定的其他用地。

第三章 房地产开发

第二十五条 房地产开发必须严格执行城市规划，按照经济效益、社会效益、环境效益相统一的原则，实行全面规划、合理布局、综合开发、配套建设。

第二十六条 以出让方式取得土地使用权进行房地产开发的，必须按照土地使用权出让合同约定的土地用途、动工开发期限开发土地。超过出让合同约定的动工开发日期满一年未动工开发的，可以征收相当于土地使用权出让金百分之二十以下的土地闲置费；满二年未动工开发的，可以无偿收回土地使用权；但是，因不可抗力或者政府、政府有关部门的行为或者动工开发必需的前期工作造成动工开发迟延的除外。

第二十七条 房地产开发项目的设计、施工，必须符合国家的有关标准和规范。

房地产开发项目竣工，经验收合格后，方可交付使用。

第二十八条 依法取得的土地使用权，可以依照本法和有关法律、行政法规的规定，作价入股，合资、合作开发经营房地产。

第二十九条 国家采取税收等方面的优惠措施鼓励和扶持房地产开发企业开发建设居民住宅。

第三十条 房地产开发企业是以营利为目的，从事房地产开发和经营的企业。设立房地产开发企业，应当具备下列条件：

（一）有自己的名称和组织机构；

（二）有固定的经营场所；

（三）有符合国务院规定的注册资本；

（四）有足够的专业技术人员；

（五）法律、行政法规规定的其他条件。

设立房地产开发企业，应当向工商行政管理部门申请设立登记。工商行政管理部门对符合本法规定条件的，应当予以登记，发给营业执照；对不符合本法规定条件的，不予登记。

设立有限责任公司、股份有限公司，从事房地产开发经营的，还应当执行公司法的有关规定。

房地产开发企业在领取营业执照后的一个月内，应当到登记机关所在地的县级以上地方人民政府规定的部门备案。

第三十一条 房地产开发企业的注册资本与投资总额的比例应当符合国家有关规定。

房地产开发企业分期开发房地产的，分期投资额应当与项目规模相适应，并按照土地使用权出让合同的约定，按期投入资金，用于项目建设。

第四章 房地产交易

第一节 一般规定

第三十二条 房地产转让、抵押时，房屋的所有权和该房屋占用范围内的土地使用权同时转让、抵押。

第三十三条 基准地价、标定地价和各类房屋的重置价格应当定期确定并公布。具体办法由国务院规定。

第三十四条 国家实行房地产价格评估制度。

房地产价格评估，应当遵循公正、公平、公开的原则，按照国家规定的技术标准和评估程序，以基准地价、标定地价和各类房屋的重置价格为基础，参照当地的市场价格进行评估。

第三十五条 国家实行房地产成交价格申报制度。

房地产权利人转让房地产，应当向县级以上地方人民政府规定的部门如实申报成交价，不得瞒报或者作不实的申报。

第三十六条 房地产转让、抵押，当事人应当依照本法第五章的规定办理权属登记。

第二节 房地产转让

第三十七条 房地产转让，是指房地产权利人通过买卖、赠与或者其他合法方式将其房地产转移给他人的行为。

第三十八条 下列房地产，不得转让：

（一）以出让方式取得土地使用权的，不符合本法第三十九条规定的条件的；

（二）司法机关和行政机关依法裁定、决定查封或者以其他形式限制房地产权利的；

（三）依法收回土地使用权的；

（四）共有房地产，未经其他共有人书面同意的；

（五）权属有争议的；

（六）未依法登记领取权属证书的；

（七）法律、行政法规规定禁止转让的其他情形。

第三十九条 以出让方式取得土地使用权的，转让房地产时，应当符合下列条件：

（一）按照出让合同约定已经支付全部土地使用权出让金，并取得土地使用权证书；

（二）按照出让合同约定进行投资开发，属于房屋建设工程的，完成开发投资总额的百分之二十五以上，属于成片开发土地的，形成工业用地或者其他建设用地条件。

转让房地产时房屋已经建成的，还应当持有房屋所有权证书。

第四十条 以划拨方式取得土地使用权的，转让房地产时，应当按照国务院规定，报有批准权的人民政府审批。有批准权的人民政府准予转让的，应当由受让方办理土地使用权出让手续，并依照国家有关规定缴纳土地使用权出让金。

以划拨方式取得土地使用权的，转让房地产报批时，有批准权的人民政府按照国务院规定决定可以不办理土地使用权出让手续的，转让方应当按照国务院规定将转让房地产所获收益中的土地收益上缴国家或者作其他处理。

第四十一条 房地产转让，应当签订书面转让合同，合同中应当载明土地使用权取得的方式。

第四十二条 房地产转让时，土地使用权出让合同载明的权利、义务随之转移。

第四十三条 以出让方式取得土地使用权的，转让房地产后，其土地使用权的使用年限为原土地使用权出让合同约定的使用年限减去原土地使用者已经使用年限后的剩余年限。

第四十四条 以出让方式取得土地使用权的，转让房地产后，受让人改变原土地使用权出让合同约定的土地用途的，必须取得原出让方和市、县人民政府城市规划行政主管部门的同意，签订土地使用权出让合同变更协议或者重新签订土地使用权出让合同，相应调整土地使用权出让金。

第四十五条 商品房预售，应当符合下列条件：

（一）已交付全部土地使用权出让金，取得土地使用权证书；

（二）持有建设工程规划许可证；

（三）按提供预售的商品房计算，投入开发建设的资金达到工程建设总投资的百分之二十五以上，并已经确定施工进度和竣工交付日期；

（四）向县级以上人民政府房产管理部门办理预售登记，取得商品房预售许可证明。

商品房预售人应当按照国家有关规定将预售合同报县级以上人

民政府房产管理部门和土地管理部门登记备案。

商品房预售所得款项，必须用于有关的工程建设。

第四十六条 商品房预售的，商品房预购人将购买的未竣工的预售商品房再行转让的问题，由国务院规定。

第三节 房地产抵押

第四十七条 房地产抵押，是指抵押人以其合法的房地产以不转移占有的方式向抵押权人提供债务履行担保的行为。债务人不履行债务时，抵押权人有权依法以抵押的房地产拍卖所得的价款优先受偿。

第四十八条 依法取得的房屋所有权连同该房屋占用范围内的土地使用权，可以设定抵押权。

以出让方式取得的土地使用权，可以设定抵押权。

第四十九条 房地产抵押，应当凭土地使用权证书、房屋所有权证书办理。

第五十条 房地产抵押，抵押人和抵押权人应当签订书面抵押合同。

第五十一条 设定房地产抵押权的土地使用权是以划拨方式取得的，依法拍卖该房地产后，应当从拍卖所得的价款中缴纳相当于应缴纳的土地使用权出让金的款额后，抵押权人方可优先受偿。

第五十二条 房地产抵押合同签订后，土地上新增的房屋不属于抵押财产。需要拍卖该抵押的房地产时，可以依法将土地上新增的房屋与抵押财产一同拍卖，但对拍卖新增房屋所得，抵押权人无权优先受偿。

第四节 房屋租赁

第五十三条 房屋租赁，是指房屋所有权人作为出租人将其房屋出租给承租人使用，由承租人向出租人支付租金的行为。

第五十四条 房屋租赁，出租人和承租人应当签订书面租赁合同，约定租赁期限、租赁用途、租赁价格、修缮责任等条款，以及双方的其他权利和义务，并向房产管理部门登记备案。

第五十五条 住宅用房的租赁，应当执行国家和房屋所在城市人民政府规定的租赁政策。租用房屋从事生产、经营活动的，由租赁双方协商议定租金和其他租赁条款。

第五十六条 以营利为目的，房屋所有权人将以划拨方式取得使用权的国有土地上建成的房屋出租的，应当将租金中所含土地收益上缴国家。具体办法由国务院规定。

第五节 中介服务机构

第五十七条 房地产中介服务机构包括房地产咨询机构、房地产价格评估机构、房地产经纪机构等。

第五十八条 房地产中介服务机构应当具备下列条件：

（一）有自己的名称和组织机构；

（二）有固定的服务场所；

（三）有必要的财产和经费；

（四）有足够数量的专业人员；

（五）法律、行政法规规定的其他条件。

设立房地产中介服务机构，应当向工商行政管理部门申请设立登记，领取营业执照后，方可开业。

第五十九条 国家实行房地产价格评估人员资格认证制度。

第五章 房地产权属登记管理

第六十条 国家实行土地使用权和房屋所有权登记发证制度。

第六十一条 以出让或者划拨方式取得土地使用权，应当向县级以上地方人民政府土地管理部门申请登记，经县级以上地方人民政府土地管理部门核实，由同级人民政府颁发土地使用权证书。

在依法取得的房地产开发用地上建成房屋的，应当凭土地使用权证书向县级以上地方人民政府房产管理部门申请登记，由县级以上地方人民政府房产管理部门核实并颁发房屋所有权证书。

房地产转让或者变更时，应当向县级以上地方人民政府房产管理部门申请房产变更登记，并凭变更后的房屋所有权证书向同级人民政府土地管理部门申请土地使用权变更登记，经同级人民政府土地管理部门核实，由同级人民政府更换或者更改土地使用权证书。

法律另有规定的，依照有关法律的规定办理。

第六十二条 房地产抵押时，应当向县级以上地方人民政府规定的部门办理抵押登记。

因处分抵押房地产而取得土地使用权和房屋所有权的，应当依照本章规定办理过户登记。

第六十三条 经省、自治区、直辖市人民政府确定，县级以上地方人民政府由一个部门统一负责房产管理和土地管理工作的，可以制作、颁发统一的房地产权证书，依照本法第六十一条的规定，将房屋的所有权和该房屋占用范围内的土地使用权的确认和变更，分别载入房地产权证书。

第六章 法律责任

第六十四条 违反本法第十一条、第十二条的规定，擅自批准出让或者擅自出让土地使用权用于房地产开发的，由上级机关或者所在单位给予有关责任人员行政处分。

第六十五条 违反本法第三十条的规定，未取得营业执照擅自从事房地产开发业务的，由县级以上人民政府工商行政管理部门责令停止房地产开发业务活动，没收违法所得，可以并处罚款。

第六十六条 违反本法第三十九条第一款的规定转让土地使用

权的，由县级以上人民政府土地管理部门没收违法所得，可以并处罚款。

第六十七条 违反本法第四十条第一款的规定转让房地产的，由县级以上人民政府土地管理部门责令缴纳土地使用权出让金，没收违法所得，可以并处罚款。

第六十八条 违反本法第四十五条第一款的规定预售商品房的，由县级以上人民政府房产管理部门责令停止预售活动，没收违法所得，可以并处罚款。

第六十九条 违反本法第五十八条的规定，未取得营业执照擅自从事房地产中介服务业务的，由县级以上人民政府工商行政管理部门责令停止房地产中介服务业务活动，没收违法所得，可以并处罚款。

第七十条 没有法律、法规的依据，向房地产开发企业收费的，上级机关应当责令退回所收取的钱款；情节严重的，由上级机关或者所在单位给予直接责任人员行政处分。

第七十一条 房产管理部门、土地管理部门工作人员玩忽职守、滥用职权，构成犯罪的，依法追究刑事责任；不构成犯罪的，给予行政处分。

房产管理部门、土地管理部门工作人员利用职务上的便利，索取他人财物，或者非法收受他人财物为他人谋取利益，构成犯罪的，依法追究刑事责任；不构成犯罪的，给予行政处分。

第七章　附　　则

第七十二条 在城市规划区外的国有土地范围内取得房地产开发用地的土地使用权，从事房地产开发、交易活动以及实施房地产管理，参照本法执行。

第七十三条 本法自 1995 年 1 月 1 日起施行。

国务院办公厅关于压缩不动产登记办理时间的通知

（2019年2月26日　国办发〔2019〕8号）

为深化“放管服”改革，深入推进审批服务便民化，不断增强企业和群众改革获得感，经国务院同意，现就压缩不动产登记办理时间有关事项通知如下：

一、总体要求

（一）指导思想。以习近平新时代中国特色社会主义思想为指导，全面贯彻党的十九大和十九届二中、三中全会精神，紧紧围绕统筹推进“五位一体”总体布局和协调推进“四个全面”战略布局，认真落实党中央、国务院决策部署，以推进国家治理体系和治理能力现代化为目标，以为企业和群众“办好一件事”为标准，加强部门协作，实行信息共享集成、流程集成或人员集成，进行全流程优化，压缩办理时间，切实解决不动产登记耗时长、办理难问题，努力构建便捷高效、便民利民的不动产登记工作体系。

（二）工作目标。2019年底前，流程精简优化到位，不动产登记数据和相关信息质量明显提升，地级及以上城市不动产登记需要使用有关部门信息的通过共享获取，全国所有市县一般登记、抵押登记业务办理时间力争分别压缩至10个、5个工作日以内；2020年底前，不动产登记数据完善，所有市县不动产登记需要使用有关部门信息的全部共享到位，“互联网+不动产登记”在地级及以上城市全面实施，全国所有市县一般登记、抵押登记业务办理时间力争全部压缩至5个工作日以内。

二、主要任务

（一）推动信息共享集成。按照“放管服”改革要求，基于数据共享交换平台，建立部门间信息共享集成机制，加强部门协作和信息互联互通，提高信息质量和利用效率，推进“互联网+不动产登记”。

1. 实现信息互通共享。大力促进部门信息共享，打破“信息孤岛”，让信息多跑路、群众少跑腿，方便企业和群众办事创业。有关部门和单位应当及时提供不动产登记相关信息，与不动产登记机构加强协同联动和信息集成，2019年底前实现互通共享。与不动产登记相关的材料或信息能够直接通过共享交换平台提取的，不得要求申请人重复提交，提取后不得用于不动产登记之外的其他目的。应当通过共享交换平台提取的主要信息包括：公安部门的户籍人口基本信息，市场监管部门的营业执照信息，机构编制部门的机关、群团、事业单位统一社会信用代码信息，住房城乡建设（房管）部门的竣工验收备案等信息，税务部门的税收信息，银保监部门的金融许可证信息，自然资源部门的规划、测绘、土地出让、土地审批、闲置土地等信息，法院的司法判决信息，民政部门的婚姻登记、涉及人员单位的地名地址等信息，公证机构的公证书信息，国有资产监督管理机构的土地房屋资产调拨信息，卫生健康部门的死亡医学证明、出生医学证明信息等。

2. 推进“互联网+不动产登记”。充分利用互联网、大数据、人脸识别、在线支付等技术，推行“互联网+不动产登记”。依托网上政务服务平台，建立不动产“网上（掌上）登记中心”，推出网页版、微信版、自助终端版不动产登记网上申请平台，为群众提供多种选择，构建多层次、多维度不动产登记网上办事大厅，实现24小时不打烊，随时随地可申请。构建“外网申请、内网审核”模式，推行线上统一申请、联网审核、网上反馈、现场核验、一次办结，提供网上预约、网上查询、网上支付和网上开具电子证明等服务，实现服务企业和群众零距离。

3. 夯实不动产登记信息基础。各地要加快存量数据整合与质量提升，2019 年底前实现所有市县城镇登记数据成果的完善与汇交全覆盖。积极开展地籍测绘等补充调查工作，满足优化登记流程工作需求。按照国家政务信息整合共享要求，积极推进不动产登记信息平台与政府统一的数据共享交换平台有序衔接，为及时共享相关信息提供便利。

（二）推动流程集成。全力推进不动产登记“一窗受理、并行办理”、优化流程、精简材料，重点解决办理环节多、流程不清晰、群众重复提交材料等问题。

1. 一窗受理、并行办理。实现相关职能部门业务网上整合衔接，对登记中涉及多个部门交叉办理的事项，通过信息化手段整合集成业务流程，在政务服务大厅或不动产登记大厅设立综合受理窗口，统一受理各相关办理事项，一次性收取所需全部材料，进行一次性录入、自动分发各相关部门，实现信息化技术支撑的“一窗受理、并行办理”。

2. 取消不必要环节、合并相近环节。将不动产登记登簿和制证环节、缴费和领证环节合并，集成相关办理人员，提高办事效率。不动产继承登记（非公证）办理中，公示应与审核环节并行开展，缩短办理时间。推进不动产抵押登记全程电子化系统建设，将登记服务场所延伸至银行网点，申请人可以在银行现场签订抵押合同的同时提交抵押登记申请材料，通过网络传输至登记机构，无需当事人再到登记机构提交申请。有条件的地区，推进二手房转移登记与抵押登记等相关联登记事项一并申请、一并受理与审核。

3. 精简申请材料。自然资源部门自身产生的，或者能够通过部门实时信息共享获取、核验的材料，不得要求群众重复提交。出让合同、土地出让价款缴纳凭证、规划核实、竣工验收等证明材料由登记机构直接提取，不得要求申请人自行提交。推行告知承诺制，在不动产继承登记中，逐步推广申请人书面承诺方式替代难以获取的死亡证明、亲属关系证明等材料。对非因权利人原因发生的不动产坐落、地址变化，需要变更登记的，由政府相关部门通过信息共享和内部协调方式处理。

4. 优化测绘成果获取方式。办理不动产首次登记，登记机构通过信息共享，直接提取前期供地、规划和预销售等形成的测绘成果；对在登记受理环节获取的测绘成果，要同时办理信息入库。能够直接提取利用测绘成果的，不得另行要求当事人开展测绘和权籍调查。

（三）推动人员集成。不能马上实现信息共享集成和流程集成的，可通过集中办公实现便民快捷。将涉及不动产登记中各部门交叉办理相关事项的有关人员集中办公，可以在政务服务大厅设立综合受理窗口，统一受理各相关办理事项，一次性收取所需全部材料，人工分发各相关部门分别办理，同一个窗口发放办理结果。

三、组织实施

（一）强化组织领导。各省（自治区、直辖市）人民政府要加强统筹协调，指导本行政区域内各市县结合实际制定具体实施方案，梳理整合不动产登记环节，精简优化流程，提高工作质量和效率。各省级自然资源部门要加强业务指导，有序推进改革工作，确保实现目标。各有关部门要全力支持、密切配合。

（二）抓好督促落实。各级自然资源部门要强化对改革情况的跟踪指导，及时总结推广典型经验做法，广泛听取企业和群众对不动产登记的意见与诉求，畅通投诉举报渠道，协调解决改革中的问题，适时进行专项检查，对改革成效显著的地方予以表扬激励，对工作推进不力、进度滞后的地方及时督促整改。

（三）做好宣传引导。要充分利用报纸、广播、电视、网络、新媒体等载体，加大宣传力度，及时宣传报道相关典型做法和工作成效，促进相互学习借鉴。加强舆论引导，及时回应群众关切。

不动产登记资料查询暂行办法

（2018 年 3 月 2 日国土资源部令第 80 号公布　根据 2019 年 7 月 24 日《自然资源部关于第一批废止和修改的部门规章的决定》修订）

第一章　总　　则

第一条　为了规范不动产登记资料查询活动，加强不动产登记资料管理、保护和利用，维护不动产交易安全，保护不动产权利人的合法权益，根据《中华人民共和国物权法》《不动产登记暂行条例》等法律法规，制定本办法。

第二条　本办法所称不动产登记资料，包括：

（一）不动产登记簿等不动产登记结果；

（二）不动产登记原始资料，包括不动产登记申请书、申请人身份材料、不动产权属来源、登记原因、不动产权籍调查成果等材料以及不动产登记机构审核材料。

不动产登记资料由不动产登记机构负责保存和管理。

第三条　县级以上人民政府不动产登记机构负责不动产登记资料查询管理工作。

第四条　不动产权利人、利害关系人可以依照本办法的规定，查询、复制不动产登记资料。

不动产权利人、利害关系人可以委托律师或者其他代理人查询、复制不动产登记资料。

第五条　不动产登记资料查询，遵循依法、便民、高效的原则。

第六条　不动产登记机构应当加强不动产登记信息化建设，以不动产登记信息管理基础平台为基础，通过运用互联网技术、设置自助查询终端、在相关场所设置登记信息查询端口等方式，为查询人提供便利。

第二章 一般规定

第七条 查询不动产登记资料，应当在不动产所在地的市、县人民政府不动产登记机构进行，但法律法规另有规定的除外。

查询人到非不动产所在地的不动产登记机构申请查询的，该机构应当告知其到相应的机构查询。

不动产登记机构应当提供必要的查询场地，并安排专门人员负责不动产登记资料的查询、复制和出具查询结果证明等工作。

申请查询不动产登记原始资料，应当优先调取数字化成果，确有需求和必要，可以调取纸质不动产登记原始资料。

第八条 不动产权利人、利害关系人申请查询不动产登记资料，应当提交查询申请书以及不动产权利人、利害关系人的身份证明材料。

查询申请书应当包括下列内容：

（一）查询主体；

（二）查询目的；

（三）查询内容；

（四）查询结果要求；

（五）提交的申请材料清单。

第九条 不动产权利人、利害关系人委托代理人代为申请查询不动产登记资料的，被委托人应当提交双方身份证明原件和授权委托书。

授权委托书中应当注明双方姓名或者名称、公民身份号码或者统一社会信用代码、委托事项、委托时限、法律义务、委托日期等内容，双方签字或者盖章。

代理人受委托查询、复制不动产登记资料的，其查询、复制范围由授权委托书确定。

第十条 符合查询条件，查询人需要出具不动产登记资料查询结果证明或者复制不动产登记资料的，不动产登记机构应当当场提供。因特殊原因不能当场提供的，应当在5个工作日内向查询人提供。

查询结果证明应当注明出具的时间，并加盖不动产登记机构查询专用章。

第十一条 有下列情形之一的，不动产登记机构不予查询，并出具不予查询告知书：

（一）查询人提交的申请材料不符合本办法规定的；

（二）申请查询的主体或者查询事项不符合本办法规定的；

（三）申请查询的目的不符合法律法规规定的；

（四）法律、行政法规规定的其他情形。

查询人对不动产登记机构出具的不予查询告知书不服的，可以依法申请行政复议或者提起行政诉讼。

第十二条 申请查询的不动产登记资料涉及国家秘密的，不动产登记机构应当按照保守国家秘密法等有关规定执行。

第十三条 不动产登记机构应当建立查询记录簿，做好查询记录工作，记录查询人、查询目的或者用途、查询时间以及复制不动产登记资料的种类、出具的查询结果证明情况等。

第三章　权利人查询

第十四条 不动产登记簿上记载的权利人可以查询本不动产登记结果和本不动产登记原始资料。

第十五条 不动产权利人可以申请以下列索引信息查询不动产登记资料，但法律法规另有规定的除外：

（一）权利人的姓名或者名称、公民身份号码或者统一社会信用代码等特定主体身份信息；

（二）不动产具体坐落位置信息；

（三）不动产权属证书号；

（四）不动产单元号。

第十六条 不动产登记机构可以设置自助查询终端，为不动产权利人提供不动产登记结果查询服务。

自助查询终端应当具备验证相关身份证明以及出具查询结果证明的功能。

第十七条 继承人、受遗赠人因继承和受遗赠取得不动产权利的，适用本章关于不动产权利人查询的规定。

前款规定的继承人、受遗赠人查询不动产登记资料的，除提交本办法第八条规定的材料外，还应当提交被继承人或者遗赠人死亡证明、遗嘱或者遗赠抚养协议等可以证明继承或者遗赠行为发生的材料。

第十八条 清算组、破产管理人、财产代管人、监护人等依法有权管理和处分不动产权利的主体，参照本章规定查询相关不动产权利人的不动产登记资料。

依照本条规定查询不动产登记资料的，除提交本办法第八条规定的材料，还应当提交依法有权处分该不动产的材料。

第四章　利害关系人查询

第十九条 符合下列条件的利害关系人可以申请查询有利害关系的不动产登记结果：

（一）因买卖、互换、赠与、租赁、抵押不动产构成利害关系的；

（二）因不动产存在民事纠纷且已经提起诉讼、仲裁而构成利害关系的；

（三）法律法规规定的其他情形。

第二十条 不动产的利害关系人申请查询不动产登记结果的，除提交本办法第八条规定的材料外，还应当提交下列利害关系证明材料：

（一）因买卖、互换、赠与、租赁、抵押不动产构成利害关系的，提交买卖合同、互换合同、赠与合同、租赁合同、抵押合同；

（二）因不动产存在相关民事纠纷且已经提起诉讼或者仲裁而构成利害关系的，提交受理案件通知书、仲裁受理通知书。

第二十一条 有买卖、租赁、抵押不动产意向，或者拟就不动产提起诉讼或者仲裁等，但不能提供本办法第二十条规定的利害关系证明材料的，可以提交本办法第八条规定材料，查询相关不动产登记簿记载的下列信息：

（一）不动产的自然状况；

（二）不动产是否存在共有情形；

（三）不动产是否存在抵押权登记、预告登记或者异议登记情形；

（四）不动产是否存在查封登记或者其他限制处分的情形。

第二十二条 受本办法第二十一条规定的当事人委托的律师，还可以申请查询相关不动产登记簿记载的下列信息：

（一）申请验证所提供的被查询不动产权利主体名称与登记簿的记载是否一致；

（二）不动产的共有形式；

（三）要求办理查封登记或者限制处分机关的名称。

第二十三条 律师受当事人委托申请查询不动产登记资料的，除提交本办法第八条、第九条规定的材料外，还应当提交律师证和律师事务所出具的证明材料。

律师持人民法院的调查令申请查询不动产登记资料的，除提交本办法第八条规定的材料外，还应当提交律师证、律师事务所出具的证明材料以及人民法院的调查令。

第二十四条 不动产的利害关系人可以申请以下列索引信息查询不动产登记资料：

（一）不动产具体坐落位置；

（二）不动产权属证书号；

（三）不动产单元号。

每份申请书只能申请查询一个不动产登记单元。

第二十五条 不动产利害关系人及其委托代理人，按照本办法申请查询的，应当承诺不将查询获得的不动产登记资料、登记信息用于其他目的，不泄露查询获得的不动产登记资料、登记信息，并承担由此产生的法律后果。

第五章 登记资料保护

第二十六条 查询人查询、复制不动产登记资料的，不得将不动产登记资料带离指定场所，不得拆散、调换、抽取、撕毁、污损不动产登记资料，也不得损坏查询设备。

查询人有前款行为的，不动产登记机构有权禁止该查询人继续查询不动产登记资料，并可以拒绝为其出具查询结果证明。

第二十七条 已有电子介质，且符合下列情形之一的纸质不动产登记原始资料可以销毁：

（一）抵押权登记、地役权登记已经注销且自注销之日起满五年的；

（二）查封登记、预告登记、异议登记已经注销且自注销之日起满五年的。

第二十八条 符合本办法第二十七条规定销毁条件的不动产登记资料应当在不动产登记机构指定的场所销毁。

不动产登记机构应当建立纸质不动产登记资料销毁清册，详细记录被销毁的纸质不动产登记资料的名称、数量、时间、地点，负责销毁以及监督销毁的人员应当在清册上签名。

第六章　罚　　则

第二十九条　不动产登记机构及其工作人员违反本办法规定，有下列行为之一，对有关责任人员依法给予处分；涉嫌构成犯罪的，移送有关机关依法追究刑事责任：

（一）对符合查询、复制不动产登记资料条件的申请不予查询、复制，对不符合查询、复制不动产登记资料条件的申请予以查询、复制的；

（二）擅自查询、复制不动产登记资料或者出具查询结果证明的；

（三）泄露不动产登记资料、登记信息的；

（四）利用不动产登记资料进行不正当活动的；

（五）未履行对不动产登记资料的安全保护义务，导致不动产登记资料、登记信息毁损、灭失或者被他人篡改，造成严重后果的。

第三十条　查询人违反本办法规定，有下列行为之一，构成违反治安管理行为的，移送公安机关依法给予治安管理处罚；涉嫌构成犯罪的，移送有关机关依法追究刑事责任：

（一）采用提供虚假材料等欺骗手段申请查询、复制不动产登记资料的；

（二）泄露不动产登记资料、登记信息的；

（三）遗失、拆散、调换、抽取、污损、撕毁不动产登记资料的；

（四）擅自将不动产登记资料带离查询场所、损坏查询设备的；

（五）因扰乱查询、复制秩序导致不动产登记机构受损失的；

（六）滥用查询结果证明的。

第七章 附　　则

第三十一条　有关国家机关查询复制不动产登记资料以及国家机关之间共享不动产登记信息的具体办法另行规定。

第三十二条　《不动产登记暂行条例》实施前已经形成的土地、房屋、森林、林木、海域等登记资料，属于不动产登记资料。不动产登记机构应当依照本办法的规定提供查询。

第三十三条　公民、法人或者其他组织依据《中华人民共和国政府信息公开条例》，以申请政府信息公开的方式申请查询不动产登记资料的，有关自然资源主管部门应当告知其按照本办法的规定申请不动产登记资料查询。

第三十四条　本办法自公布之日起施行。2002 年 12 月 4 日国土资源部公布的《土地登记资料公开查询办法》（国土资源部令第 14 号）同时废止。

自然资源部、财政部、生态环境部、水利部、国家林业和草原局关于印发《自然资源统一确权登记暂行办法》的通知

（2019 年 7 月 11 日　自然资发〔2019〕116 号）

各省、自治区、直辖市自然资源主管部门、财政主管部门、生态环境主管部门、水行政主管部门、林业和草原主管部门，新疆生产建设兵团自然资源局、财政局、生态环境局、水利局、林业和草原局：

为贯彻落实党中央、国务院关于生态文明建设决策部署，建立和实施自然资源统一确权登记制度，推进自然资源确权登记法治化，

推动建立归属清晰、权责明确、保护严格、流转顺畅、监管有效的自然资源资产产权制度，实现山水林田湖草整体保护、系统修复、综合治理，我们在试点工作的基础上，制定了《自然资源统一确权登记暂行办法》，现予以印发，请结合实际，认真贯彻落实。

自然资源统一确权登记暂行办法

第一章　总　　则

第一条　为贯彻落实党中央、国务院关于生态文明建设决策部署，建立和实施自然资源统一确权登记制度，推进自然资源确权登记法治化，推动建立归属清晰、权责明确、保护严格、流转顺畅、监管有效的自然资源资产产权制度，实现山水林田湖草整体保护、系统修复、综合治理，根据有关法律规定，制定本办法。

第二条　国家实行自然资源统一确权登记制度。

自然资源确权登记坚持资源公有、物权法定和统一确权登记的原则。

第三条　对水流、森林、山岭、草原、荒地、滩涂、海域、无居民海岛以及探明储量的矿产资源等自然资源的所有权和所有自然生态空间统一进行确权登记，适用本办法。

第四条　通过开展自然资源统一确权登记，清晰界定全部国土空间各类自然资源资产的所有权主体，划清全民所有和集体所有之间的边界，划清全民所有、不同层级政府行使所有权的边界，划清不同集体所有者的边界，划清不同类型自然资源之间的边界。

第五条　自然资源统一确权登记以不动产登记为基础，依据《不动产登记暂行条例》的规定办理登记的不动产权利，不再重复登记。

自然资源确权登记涉及调整或限制已登记的不动产权利的，应当符合法律法规规定，依法及时记载于不动产登记簿，并书面通知权利人。

第六条 自然资源主管部门作为承担自然资源统一确权登记工作的机构（以下简称登记机构），按照分级和属地相结合的方式进行登记管辖。

国务院自然资源主管部门负责指导、监督全国自然资源统一确权登记工作，会同省级人民政府负责组织开展由中央政府直接行使所有权的国家公园、自然保护区、自然公园等各类自然保护地以及大江大河大湖和跨境河流、生态功能重要的湿地和草原、国务院确定的重点国有林区、中央政府直接行使所有权的海域、无居民海岛、石油天然气、贵重稀有矿产资源等自然资源和生态空间的统一确权登记工作。具体登记工作由国家登记机构负责办理。

各省负责组织开展本行政区域内由中央委托地方政府代理行使所有权的自然资源和生态空间的统一确权登记工作。具体登记工作由省级及省级以下登记机构负责办理。

市县应按照要求，做好本行政区域范围内自然资源统一确权登记工作。

跨行政区域的自然资源确权登记由共同的上一级登记机构直接办理或者指定登记机构办理。

第七条 自然资源统一确权登记工作经费应纳入各级政府预算，不得向当事人收取登记费等相关费用。

第二章 自然资源登记簿

第八条 自然资源登记簿的样式由国务院自然资源主管部门

统一规定。

已按照《不动产登记暂行条例》办理登记的不动产权利，通过不动产单元号、权利主体实现自然资源登记簿与不动产登记簿的关联。

第九条 自然资源登记簿应当记载以下事项：

（一）自然资源的坐落、空间范围、面积、类型以及数量、质量等自然状况；

（二）自然资源所有权主体、所有权代表行使主体、所有权代理行使主体、行使方式及权利内容等权属状况；

（三）其他相关事项。

自然资源登记簿应当对地表、地上、地下空间范围内各类自然资源进行记载，并关联国土空间规划明确的用途、划定的生态保护红线等管制要求及其他特殊保护规定等信息。

第十条 全民所有自然资源所有权代表行使主体登记为国务院自然资源主管部门，所有权行使方式分为直接行使和代理行使。

中央委托相关部门、地方政府代理行使所有权的，所有权代理行使主体登记为相关部门、地方人民政府。

第十一条 自然资源登记簿附图内容包括自然资源空间范围界线、面积，所有权主体、所有权代表行使主体、所有权代理行使主体，以及已登记的不动产权利界线，不同类型自然资源的边界、面积等信息。

第十二条 自然资源登记簿由具体负责登记的各级登记机构进行管理，永久保存。

自然资源登记簿和附图应当采用电子介质，配备专门的自然资源登记电子存储设施，采取信息网络安全防护措施，保证电子数据安全，并定期进行异地备份。

第三章　自然资源登记单元

第十三条　自然资源统一确权登记以自然资源登记单元为基本单位。

自然资源登记单元应当由登记机构会同水利、林草、生态环境等部门在自然资源所有权范围的基础上，综合考虑不同自然资源种类和在生态、经济、国防等方面的重要程度以及相对完整的生态功能、集中连片等因素划定。

第十四条　国家批准的国家公园、自然保护区、自然公园等各类自然保护地应当优先作为独立登记单元划定。

登记单元划定以管理或保护审批范围界线为依据。同一区域内存在管理或保护审批范围界线交叉或重叠时，以最大的管理或保护范围界线划定登记单元。范围内存在集体所有自然资源的，应当一并划入登记单元，并在登记簿上对集体所有自然资源的主体、范围、面积等情况予以记载。

第十五条　水流可以单独划定自然资源登记单元。以水流作为独立自然资源登记单元的，依据全国国土调查成果和水资源专项调查成果，以河流、湖泊管理范围为基础，结合堤防、水域岸线划定登记单元。河流的干流、支流，可以分别划定登记单元。

湿地可以单独划定自然资源登记单元。以湿地作为独立自然资源登记单元的，依据全国国土调查成果和湿地专项调查成果，按照自然资源边界划定登记单元。在河流、湖泊、水库等水流范围内的，不再单独划分湿地登记单元。

第十六条　森林、草原、荒地登记单元原则上应当以土地所有权为基础，按照国家土地所有权权属界线封闭的空间划分登记单元，多个独立不相连的国家土地所有权权属界线封闭的空间，应分别划定登记单元。国务院确定的重点国有林区以国家批准的范围界线为依据单独划定自然资源登记单元。

在国家公园、自然保护区、自然公园等各类自然保护地登记单元内的森林、草原、荒地、水流、湿地等不再单独划定登记单元。

第十七条 海域可单独划定自然资源登记单元，范围为我国的内水和领海。以海域作为独立登记单元的，依据沿海县市行政管辖界线，自海岸线起至领海外部界线划定登记单元。无居民海岛按照“一岛一登”的原则，单独划定自然资源登记单元，进行整岛登记。

海域范围内的自然保护地、湿地、探明储量的矿产资源等，不再单独划定登记单元。

第十八条 探明储量的矿产资源，固体矿产以矿区，油气以油气田划分登记单元。若矿业权整合包含或跨越多个矿区的，以矿业权整合后的区域为一个登记单元。登记单元的边界，以现有的储量登记库及储量统计库导出的矿区范围，储量评审备案文件确定的矿产资源储量估算范围，以及国家出资探明矿产地清理结果认定的矿产地范围在空间上套合确定。登记单元内存在依法审批的探矿权、采矿权的，登记簿关联勘查、采矿许可证相关信息。

在国家公园、自然保护区、自然公园等各类自然保护地登记单元内的矿产资源不再单独划定登记单元，通过分层标注的方式在自然资源登记簿上记载探明储量矿产资源的范围、类型、储量等内容。

第十九条 自然资源登记单元具有唯一编码，编码规则由国家统一制定。

第四章　自然资源登记一般程序

第二十条　自然资源登记类型包括自然资源首次登记、变更登记、注销登记和更正登记。

首次登记是指在一定时间内对登记单元内全部国家所有的自然资源所有权进行的第一次登记。

变更登记是指因自然资源的类型、范围和权属边界等自然资源登记簿内容发生变化进行的登记。

注销登记是指因不可抗力等因素导致自然资源所有权灭失进行的登记。

更正登记是指登记机构对自然资源登记簿的错误记载事项进行更正的登记。

第二十一条　自然资源首次登记程序为通告、权籍调查、审核、公告、登簿。

第二十二条　自然资源首次登记应当由登记机构依职权启动。

登记机构会同水利、林草、生态环境等部门预划登记单元后，由自然资源所在地的县级以上地方人民政府向社会发布首次登记通告。通告的主要内容包括：

（一）自然资源登记单元的预划分；

（二）开展自然资源登记工作的时间；

（三）自然资源类型、范围；

（四）需要自然资源所有权代表行使主体、代理行使主体以及集体土地所有权人等相关主体配合的事项及其他需要通告的内容。

第二十三条　登记机构会同水利、林草、生态环境等部门，充分利用全国国土调查、自然资源专项调查等自然资源调查成果，获取自然资源登记单元内各类自然资源的坐落、空间范围、面积、类型、数量和质量等信息，划清自然资源类型边界。

第二十四条 登记机构会同水利、林草、生态环境等部门应充分利用全国国土调查、自然资源专项调查等自然资源调查成果，以及集体土地所有权确权登记发证、国有土地使用权确权登记发证等不动产登记成果，开展自然资源权籍调查，绘制自然资源权籍图和自然资源登记簿附图，划清全民所有和集体所有的边界以及不同集体所有者的边界；依据分级行使国家所有权体制改革成果，划清全民所有、不同层级政府行使所有权的边界。

自然资源登记单元的重要界址点应现场指界，必要时可设立明显界标。在国土调查、专项调查、权籍调查、土地勘测定界等工作中对重要界址点已经指界确认的，不需要重复指界。对涉及权属争议的，按有关法律法规规定处理。

第二十五条 登记机构依据自然资源权籍调查成果和相关审批文件，结合国土空间规划明确的用途、划定的生态保护红线等管制要求或政策性文件以及不动产登记结果资料等，会同相关部门对登记的内容进行审核。

第二十六条 自然资源登簿前应当由自然资源所在地市县配合具有登记管辖权的登记机构在政府门户网站及指定场所进行公告，涉及国家秘密的除外。公告期不少于15个工作日。公告期内，相关当事人对登记事项提出异议的，登记机构应当对提出的异议进行调查核实。

第二十七条 公告期满无异议或者异议不成立的，登记机构应当将登记事项记载于自然资源登记簿，可以向自然资源所有权代表行使主体或者代理行使主体颁发自然资源所有权证书。

第二十八条 登记单元内自然资源类型、面积等自然状况发生变化的，以全国国土调查和自然资源专项调查为依据，依职权开展变更登记。自然资源的登记单元边界、权属边界、权利主体和内容等自然资源登记簿主要内容发生变化的，自然资源所有权代表行使主体或者代理行使主体应当持相关资料及时嘱托登记机构办理变更登记或注销登记。

自然资源登记簿记载事项存在错误的，登记机构可以依照自然资源所有权代表行使主体或者代理行使主体的嘱托办理更正登记，也可以依职权办理更正登记。

第五章　自然资源登记信息管理与应用

第二十九条　自然资源登记资料包括：

（一）自然资源登记簿等登记结果；

（二）自然资源权籍调查成果、权属来源材料、相关公共管制要求、登记机构审核材料等登记原始资料。

自然资源登记资料由具体负责的登记机构管理。各级登记机构应当建立登记资料管理制度及信息安全保密制度，建设符合自然资源登记资料安全保护标准的登记资料存放场所。

第三十条　在国家不动产登记信息管理基础平台上，拓展开发全国统一的自然资源登记信息系统，实现自然资源确权登记信息的统一管理；各级登记机构应当建立标准统一的自然资源确权登记数据库，确保自然资源确权登记信息日常更新。

自然资源确权登记信息纳入不动产登记信息管理基础平台，实现自然资源确权登记信息与不动产登记信息有效衔接和融合。

自然资源确权登记信息应当及时汇交国家不动产登记信息管理基础平台，确保国家、省、市、县四级自然资源确权登记信息的实时共享。

第三十一条　自然资源确权登记结果应当向社会公开，但涉及国家秘密以及《不动产登记暂行条例》规定的不动产登记的相关内容除外。

第三十二条 自然资源确权登记信息与水利、林草、生态环境、财税等相关部门管理信息应当互通共享，服务自然资源资产的有效监管和保护。

第六章 附　　则

第三十三条 军用土地范围内的自然资源暂不纳入确权登记。

第三十四条 本办法由自然资源部负责解释，自印发之日起施行。

附件：自然资源统一确权登记工作方案（略）

最高人民法院关于适用《中华人民共和国民法典》物权编的解释（一）

（2020年12月25日最高人民法院审判委员会第1825次会议通过　2020年12月29日最高人民法院公告公布　自2021年1月1日起施行　法释〔2020〕24号）

为正确审理物权纠纷案件，根据《中华人民共和国民法典》等相关法律规定，结合审判实践，制定本解释。

第一条 因不动产物权的归属，以及作为不动产物权登记基础的买卖、赠与、抵押等产生争议，当事人提起民事诉讼的，应当依法受理。当事人已经在行政诉讼中申请一并解决上述民事争议，且人民法院一并审理的除外。

第二条 当事人有证据证明不动产登记簿的记载与真实权利状态

不符、其为该不动产物权的真实权利人，请求确认其享有物权的，应予支持。

第三条 异议登记因民法典第二百二十条第二款规定的事由失效后，当事人提起民事诉讼，请求确认物权归属的，应当依法受理。异议登记失效不影响人民法院对案件的实体审理。

第四条 未经预告登记的权利人同意，转让不动产所有权等物权，或者设立建设用地使用权、居住权、地役权、抵押权等其他物权的，应当依照民法典第二百二十一条第一款的规定，认定其不发生物权效力。

第五条 预告登记的买卖不动产物权的协议被认定无效、被撤销，或者预告登记的权利人放弃债权的，应当认定为民法典第二百二十一条第二款所称的“债权消灭”。

第六条 转让人转让船舶、航空器和机动车等所有权，受让人已经支付合理价款并取得占有，虽未经登记，但转让人的债权人主张其为民法典第二百二十五条所称的“善意第三人”的，不予支持，法律另有规定的除外。

第七条 人民法院、仲裁机构在分割共有不动产或者动产等案件中作出并依法生效的改变原有物权关系的判决书、裁决书、调解书，以及人民法院在执行程序中作出的拍卖成交裁定书、变卖成交裁定书、以物抵债裁定书，应当认定为民法典第二百二十九条所称导致物权设立、变更、转让或者消灭的人民法院、仲裁机构的法律文书。

第八条 依据民法典第二百二十九条至第二百三十一条规定享有物权，但尚未完成动产交付或者不动产登记的权利人，依据民法典第二百三十五条至第二百三十八条的规定，请求保护其物权的，应予支持。

第九条 共有份额的权利主体因继承、遗赠等原因发生变化时，其他按份共有人主张优先购买的，不予支持，但按份共有人之间另有约定的除外。

第十条 民法典第三百零五条所称的“同等条件”，应当综合共有份额的转让价格、价款履行方式及期限等因素确定。

第十一条 优先购买权的行使期间，按份共有人之间有约定的，按照约定处理；没有约定或者约定不明的，按照下列情形确定：

（一）转让人向其他按份共有人发出的包含同等条件内容的通知中载明行使期间的，以该期间为准；

（二）通知中未载明行使期间，或者载明的期间短于通知送达之日起十五日的，为十五日；

（三）转让人未通知的，为其他按份共有人知道或者应当知道最终确定的同等条件之日起十五日；

（四）转让人未通知，且无法确定其他按份共有人知道或者应当知道最终确定的同等条件的，为共有份额权属转移之日起六个月。

第十二条 按份共有人向共有人之外的人转让其份额，其他按份共有人根据法律、司法解释规定，请求按照同等条件优先购买该共有份额的，应予支持。其他按份共有人的请求具有下列情形之一的，不予支持：

（一）未在本解释第十一条规定的期间内主张优先购买，或者虽主张优先购买，但提出减少转让价款、增加转让人负担等实质性变更要求；

（二）以其优先购买权受到侵害为由，仅请求撤销共有份额转让合同或者认定该合同无效。

第十三条 按份共有人之间转让共有份额，其他按份共有人主张依据民法典第三百零五条规定优先购买的，不予支持，但按份共有人之间另有约定的除外。

第十四条 受让人受让不动产或者动产时，不知道转让人无处分权，且无重大过失的，应当认定受让人为善意。

真实权利人主张受让人不构成善意的，应当承担举证证明责任。

第十五条 具有下列情形之一的，应当认定不动产受让人知道转让人无处分权：

（一）登记簿上存在有效的异议登记；

（二）预告登记有效期内，未经预告登记的权利人同意；

（三）登记簿上已经记载司法机关或者行政机关依法裁定、决定查封或者以其他形式限制不动产权利的有关事项；

（四）受让人知道登记簿上记载的权利主体错误；

（五）受让人知道他人已经依法享有不动产物权。

真实权利人有证据证明不动产受让人应当知道转让人无处分权的，应当认定受让人具有重大过失。

第十六条 受让人受让动产时，交易的对象、场所或者时机等不符合交易习惯的，应当认定受让人具有重大过失。

第十七条 民法典第三百一十一条第一款第一项所称的“受让人受让该不动产或者动产时”，是指依法完成不动产物权转移登记或者动产交付之时。

当事人以民法典第二百二十六条规定的方式交付动产的，转让动产民事法律行为生效时为动产交付之时；当事人以民法典第二百二十七条规定的方式交付动产的，转让人与受让人之间有关转让返还原物请求权的协议生效时为动产交付之时。

法律对不动产、动产物权的设立另有规定的，应当按照法律规定的时间认定权利人是否为善意。

第十八条 民法典第三百一十一条第一款第二项所称“合理的价格”，应当根据转让标的物的性质、数量以及付款方式等具体情况，参考转让时交易地市场价格以及交易习惯等因素综合认定。

第十九条 转让人将民法典第二百二十五条规定的船舶、航空器和机动车等交付给受让人的，应当认定符合民法典第三百一十一条第一款第三项规定的善意取得的条件。

第二十条 具有下列情形之一，受让人主张依据民法典第三百一十一条规定取得所有权的，不予支持：

（一）转让合同被认定无效；

（二）转让合同被撤销。

第二十一条 本解释自 2021 年 1 月 1 日起施行。

最高人民法院关于适用《中华人民共和国民法典》有关担保制度的解释

（2020 年 12 月 25 日最高人民法院审判委员会第 1824 次会议通过　2020 年 12 月 31 日最高人民法院公告公布　自 2021 年 1 月 1 日起施行　法释〔2020〕28 号）

为正确适用《中华人民共和国民法典》有关担保制度的规定，结合民事审判实践，制定本解释。

一、关于一般规定

第一条　因抵押、质押、留置、保证等担保发生的纠纷，适用本解释。所有权保留买卖、融资租赁、保理等涉及担保功能发生的纠纷，适用本解释的有关规定。

第二条　当事人在担保合同中约定担保合同的效力独立于主合同，或者约定担保人对主合同无效的法律后果承担担保责任，该有关担保独立性的约定无效。主合同有效的，有关担保独立性的约定无效不影响担保合同的效力；主合同无效的，人民法院应当认定担保合同无效，但是法律另有规定的除外。

因金融机构开立的独立保函发生的纠纷，适用《最高人民法院关于审理独立保函纠纷案件若干问题的规定》。

第三条　当事人对担保责任的承担约定专门的违约责任，或者约定的担保责任范围超出债务人应当承担的责任范围，担保人主张仅在债务人应当承担的责任范围内承担责任的，人民法院应予支持。

担保人承担的责任超出债务人应当承担的责任范围，担保人向债务人追偿，债务人主张仅在其应当承担的责任范围内承担责任的，人民法院应予支持；担保人请求债权人返还超出部分的，人民法院依法予以支持。

第四条 有下列情形之一，当事人将担保物权登记在他人名下，债务人不履行到期债务或者发生当事人约定的实现担保物权的情形，债权人或者其受托人主张就该财产优先受偿的，人民法院依法予以支持：

（一）为债券持有人提供的担保物权登记在债券受托管理人名下；

（二）为委托贷款人提供的担保物权登记在受托人名下；

（三）担保人知道债权人与他人之间存在委托关系的其他情形。

第五条 机关法人提供担保的，人民法院应当认定担保合同无效，但是经国务院批准为使用外国政府或者国际经济组织贷款进行转贷的除外。

居民委员会、村民委员会提供担保的，人民法院应当认定担保合同无效，但是依法代行村集体经济组织职能的村民委员会，依照村民委员会组织法规定的讨论决定程序对外提供担保的除外。

第六条 以公益为目的的非营利性学校、幼儿园、医疗机构、养老机构等提供担保的，人民法院应当认定担保合同无效，但是有下列情形之一的除外：

（一）在购入或者以融资租赁方式承租教育设施、医疗卫生设施、养老服务设施和其他公益设施时，出卖人、出租人为担保价款或者租金实现而在该公益设施上保留所有权；

（二）以教育设施、医疗卫生设施、养老服务设施和其他公益设施以外的不动产、动产或者财产权利设立担保物权。

登记为营利法人的学校、幼儿园、医疗机构、养老机构等提供担保，当事人以其不具有担保资格为由主张担保合同无效的，人民法院不予支持。

第七条 公司的法定代表人违反公司法关于公司对外担保决议程

序的规定，超越权限代表公司与相对人订立担保合同，人民法院应当依照民法典第六十一条和第五百零四条等规定处理：

（一）相对人善意的，担保合同对公司发生效力；相对人请求公司承担担保责任的，人民法院应予支持。

（二）相对人非善意的，担保合同对公司不发生效力；相对人请求公司承担赔偿责任的，参照适用本解释第十七条的有关规定。

法定代表人超越权限提供担保造成公司损失，公司请求法定代表人承担赔偿责任的，人民法院应予支持。

第一款所称善意，是指相对人在订立担保合同时不知道且不应当知道法定代表人超越权限。相对人有证据证明已对公司决议进行了合理审查，人民法院应当认定其构成善意，但是公司有证据证明相对人知道或者应当知道决议系伪造、变造的除外。

第八条 有下列情形之一，公司以其未依照公司法关于公司对外担保的规定作出决议为由主张不承担担保责任的，人民法院不予支持：

（一）金融机构开立保函或者担保公司提供担保；

（二）公司为其全资子公司开展经营活动提供担保；

（三）担保合同系由单独或者共同持有公司三分之二以上对担保事项有表决权的股东签字同意。

上市公司对外提供担保，不适用前款第二项、第三项的规定。

第九条 相对人根据上市公司公开披露的关于担保事项已经董事会或者股东大会决议通过的信息，与上市公司订立担保合同，相对人主张担保合同对上市公司发生效力，并由上市公司承担担保责任的，人民法院应予支持。

相对人未根据上市公司公开披露的关于担保事项已经董事会或者股东大会决议通过的信息，与上市公司订立担保合同，上市公司主张担保合同对其不发生效力，且不承担担保责任或者赔偿责任的，人民法院应予支持。

相对人与上市公司已公开披露的控股子公司订立的担保合同，或者相对人与股票在国务院批准的其他全国性证券交易场所交易的公司订立的担保合同，适用前两款规定。

第十条 一人有限责任公司为其股东提供担保，公司以违反公司法关于公司对外担保决议程序的规定为由主张不承担担保责任的，人民法院不予支持。公司因承担担保责任导致无法清偿其他债务，提供担保时的股东不能证明公司财产独立于自己的财产，其他债权人请求该股东承担连带责任的，人民法院应予支持。

第十一条 公司的分支机构未经公司股东（大）会或者董事会决议以自己的名义对外提供担保，相对人请求公司或者其分支机构承担担保责任的，人民法院不予支持，但是相对人不知道且不应当知道分支机构对外提供担保未经公司决议程序的除外。

金融机构的分支机构在其营业执照记载的经营范围内开立保函，或者经有权从事担保业务的上级机构授权开立保函，金融机构或者其分支机构以违反公司法关于公司对外担保决议程序的规定为由主张不承担担保责任的，人民法院不予支持。金融机构的分支机构未经金融机构授权提供保函之外的担保，金融机构或者其分支机构主张不承担担保责任的，人民法院应予支持，但是相对人不知道且不应当知道分支机构对外提供担保未经金融机构授权的除外。

担保公司的分支机构未经担保公司授权对外提供担保，担保公司或者其分支机构主张不承担担保责任的，人民法院应予支持，但是相对人不知道且不应当知道分支机构对外提供担保未经担保公司授权的除外。

公司的分支机构对外提供担保，相对人非善意，请求公司承担赔偿责任的，参照本解释第十七条的有关规定处理。

第十二条 法定代表人依照民法典第五百五十二条的规定以公司名义加入债务的，人民法院在认定该行为的效力时，可以参照本解释关于公司为他人提供担保的有关规则处理。

第十三条 同一债务有两个以上第三人提供担保，担保人之间约定相互追偿及分担份额，承担了担保责任的担保人请求其他担保人按照约定分担份额的，人民法院应予支持；担保人之间约定承担连带共同担保，或者约定相互追偿但是未约定分担份额的，各担保人按照比例分担向债务人不能追偿的部分。

同一债务有两个以上第三人提供担保，担保人之间未对相互追偿作出约定且未约定承担连带共同担保，但是各担保人在同一份合同书上签字、盖章或者按指印，承担了担保责任的担保人请求其他担保人按照比例分担向债务人不能追偿部分的，人民法院应予支持。

除前两款规定的情形外，承担了担保责任的担保人请求其他担保人分担向债务人不能追偿部分的，人民法院不予支持。

第十四条 同一债务有两个以上第三人提供担保，担保人受让债权的，人民法院应当认定该行为系承担担保责任。受让债权的担保人作为债权人请求其他担保人承担担保责任的，人民法院不予支持；该担保人请求其他担保人分担相应份额的，依照本解释第十三条的规定处理。

第十五条 最高额担保中的最高债权额，是指包括主债权及其利息、违约金、损害赔偿金、保管担保财产的费用、实现债权或者实现担保物权的费用等在内的全部债权，但是当事人另有约定的除外。

登记的最高债权额与当事人约定的最高债权额不一致的，人民法院应当依据登记的最高债权额确定债权人优先受偿的范围。

第十六条 主合同当事人协议以新贷偿还旧贷，债权人请求旧贷的担保人承担担保责任的，人民法院不予支持；债权人请求新贷的担保人承担担保责任的，按照下列情形处理：

（一）新贷与旧贷的担保人相同的，人民法院应予支持；

（二）新贷与旧贷的担保人不同，或者旧贷无担保新贷有担保的，人民法院不予支持，但是债权人有证据证明新贷的担保人提供担保时对以新贷偿还旧贷的事实知道或者应当知道的除外。

主合同当事人协议以新贷偿还旧贷，旧贷的物的担保人在登记尚未注销的情形下同意继续为新贷提供担保，在订立新的贷款合同前又以该担保财产为其他债权人设立担保物权，其他债权人主张其担保物权顺位优先于新贷债权人的，人民法院不予支持。

第十七条 主合同有效而第三人提供的担保合同无效，人民法院应当区分不同情形确定担保人的赔偿责任：

（一）债权人与担保人均有过错的，担保人承担的赔偿责任不应超过债务人不能清偿部分的二分之一；

（二）担保人有过错而债权人无过错的，担保人对债务人不能清偿的部分承担赔偿责任；

（三）债权人有过错而担保人无过错的，担保人不承担赔偿责任。

主合同无效导致第三人提供的担保合同无效，担保人无过错的，不承担赔偿责任；担保人有过错的，其承担的赔偿责任不应超过债务人不能清偿部分的三分之一。

第十八条 承担了担保责任或者赔偿责任的担保人，在其承担责任的范围内向债务人追偿的，人民法院应予支持。

同一债权既有债务人自己提供的物的担保，又有第三人提供的担保，承担了担保责任或者赔偿责任的第三人，主张行使债权人对债务人享有的担保物权的，人民法院应予支持。

第十九条 担保合同无效，承担了赔偿责任的担保人按照反担保合同的约定，在其承担赔偿责任的范围内请求反担保人承担担保责任的，人民法院应予支持。

反担保合同无效的，依照本解释第十七条的有关规定处理。当事人仅以担保合同无效为由主张反担保合同无效的，人民法院不予支持。

第二十条 人民法院在审理第三人提供的物的担保纠纷案件时，可以适用民法典第六百九十五条第一款、第六百九十六条第一款、第六百九十七条第二款、第六百九十九条、第七百条、第七百零一条、第七百零二条等关于保证合同的规定。

第二十一条 主合同或者担保合同约定了仲裁条款的，人民法院对约定仲裁条款的合同当事人之间的纠纷无管辖权。

债权人一并起诉债务人和担保人的，应当根据主合同确定管辖法院。

债权人依法可以单独起诉担保人且仅起诉担保人的，应当根据担保合同确定管辖法院。

第二十二条 人民法院受理债务人破产案件后，债权人请求担保人承担担保责任，担保人主张担保债务自人民法院受理破产申请之日起停止计息的，人民法院对担保人的主张应予支持。

第二十三条 人民法院受理债务人破产案件，债权人在破产程序中申报债权后又向人民法院提起诉讼，请求担保人承担担保责任的，人民法院依法予以支持。

担保人清偿债权人的全部债权后，可以代替债权人在破产程序中受偿；在债权人的债权未获全部清偿前，担保人不得代替债权人在破产程序中受偿，但是有权就债权人通过破产分配和实现担保债权等方式获得清偿总额中超出债权的部分，在其承担担保责任的范围内请求债权人返还。

债权人在债务人破产程序中未获全部清偿，请求担保人继续承担担保责任的，人民法院应予支持；担保人承担担保责任后，向和解协议或者重整计划执行完毕后的债务人追偿的，人民法院不予支持。

第二十四条 债权人知道或者应当知道债务人破产，既未申报债权也未通知担保人，致使担保人不能预先行使追偿权的，担保人就该债权在破产程序中可能受偿的范围内免除担保责任，但是担保人因自身过错未行使追偿权的除外。

二、关于保证合同

第二十五条 当事人在保证合同中约定了保证人在债务人不能履行债务或者无力偿还债务时才承担保证责任等类似内容，具有债务人应当先承担责任的意思表示的，人民法院应当将其认定为一般保证。

当事人在保证合同中约定了保证人在债务人不履行债务或者未偿还债务时即承担保证责任、无条件承担保证责任等类似内容，不具有债务人应当先承担责任的意思表示的，人民法院应当将其认定为连带责任保证。

第二十六条　一般保证中，债权人以债务人为被告提起诉讼的，人民法院应予受理。债权人未就主合同纠纷提起诉讼或者申请仲裁，仅起诉一般保证人的，人民法院应当驳回起诉。

一般保证中，债权人一并起诉债务人和保证人的，人民法院可以受理，但是在作出判决时，除有民法典第六百八十七条第二款但书规定的情形外，应当在判决书主文中明确，保证人仅对债务人财产依法强制执行后仍不能履行的部分承担保证责任。

债权人未对债务人的财产申请保全，或者保全的债务人的财产足以清偿债务，债权人申请对一般保证人的财产进行保全的，人民法院不予准许。

第二十七条　一般保证的债权人取得对债务人赋予强制执行效力的公证债权文书后，在保证期间内向人民法院申请强制执行，保证人以债权人未在保证期间内对债务人提起诉讼或者申请仲裁为由主张不承担保证责任的，人民法院不予支持。

第二十八条　一般保证中，债权人依据生效法律文书对债务人的财产依法申请强制执行，保证债务诉讼时效的起算时间按照下列规则确定：

（一）人民法院作出终结本次执行程序裁定，或者依照民事诉讼法第二百五十七条第三项、第五项的规定作出终结执行裁定的，自裁定送达债权人之日起开始计算；

（二）人民法院自收到申请执行书之日起一年内未作出前项裁定的，自人民法院收到申请执行书满一年之日起开始计算，但是保证人有证据证明债务人仍有财产可供执行的除外。

一般保证的债权人在保证期间届满前对债务人提起诉讼或者申请仲裁，债权人举证证明存在民法典第六百八十七条第二款但书规定情形的，保证债务的诉讼时效自债权人知道或者应当知道该情形之日起开始计算。

第二十九条　同一债务有两个以上保证人，债权人以其已经在保证期间内依法向部分保证人行使权利为由，主张已经在保证期间内向其他保证人行使权利的，人民法院不予支持。

同一债务有两个以上保证人，保证人之间相互有追偿权，债权人未在保证期间内依法向部分保证人行使权利，导致其他保证人在承担保证责任后丧失追偿权，其他保证人主张在其不能追偿的范围内免除保证责任的，人民法院应予支持。

第三十条 最高额保证合同对保证期间的计算方式、起算时间等有约定的，按照其约定。

最高额保证合同对保证期间的计算方式、起算时间等没有约定或者约定不明，被担保债权的履行期限均已届满的，保证期间自债权确定之日起开始计算；被担保债权的履行期限尚未届满的，保证期间自最后到期债权的履行期限届满之日起开始计算。

前款所称债权确定之日，依照民法典第四百二十三条的规定认定。

第三十一条 一般保证的债权人在保证期间内对债务人提起诉讼或者申请仲裁后，又撤回起诉或者仲裁申请，债权人在保证期间届满前未再行提起诉讼或者申请仲裁，保证人主张不再承担保证责任的，人民法院应予支持。

连带责任保证的债权人在保证期间内对保证人提起诉讼或者申请仲裁后，又撤回起诉或者仲裁申请，起诉状副本或者仲裁申请书副本已经送达保证人的，人民法院应当认定债权人已经在保证期间内向保证人行使了权利。

第三十二条 保证合同约定保证人承担保证责任直至主债务本息还清时为止等类似内容的，视为约定不明，保证期间为主债务履行期限届满之日起六个月。

第三十三条 保证合同无效，债权人未在约定或者法定的保证期间内依法行使权利，保证人主张不承担赔偿责任的，人民法院应予支持。

第三十四条 人民法院在审理保证合同纠纷案件时，应当将保证期间是否届满、债权人是否在保证期间内依法行使权利等事实作为案件基本事实予以查明。

债权人在保证期间内未依法行使权利的，保证责任消灭。保证责任消灭后，债权人书面通知保证人要求承担保证责任，保证人在通知书上签字、盖章或者按指印，债权人请求保证人继续承担保证责任的，人民法院不予支持，但是债权人有证据证明成立了新的保证合同的除外。

第三十五条 保证人知道或者应当知道主债权诉讼时效期间届满仍然提供保证或者承担保证责任，又以诉讼时效期间届满为由拒绝承担保证责任或者请求返还财产的，人民法院不予支持；保证人承担保证责任后向债务人追偿的，人民法院不予支持，但是债务人放弃诉讼时效抗辩的除外。

第三十六条 第三人向债权人提供差额补足、流动性支持等类似承诺文件作为增信措施，具有提供担保的意思表示，债权人请求第三人承担保证责任的，人民法院应当依照保证的有关规定处理。

第三人向债权人提供的承诺文件，具有加入债务或者与债务人共同承担债务等意思表示的，人民法院应当认定为民法典第五百五十二条规定的债务加入。

前两款中第三人提供的承诺文件难以确定是保证还是债务加入的，人民法院应当将其认定为保证。

第三人向债权人提供的承诺文件不符合前三款规定的情形，债权人请求第三人承担保证责任或者连带责任的，人民法院不予支持，但是不影响其依据承诺文件请求第三人履行约定的义务或者承担相应的民事责任。

三、关于担保物权

（一）担保合同与担保物权的效力

第三十七条 当事人以所有权、使用权不明或者有争议的财产抵押，经审查构成无权处分的，人民法院应当依照民法典第三百一十一条的规定处理。

当事人以依法被查封或者扣押的财产抵押，抵押权人请求行使抵押权，经审查查封或者扣押措施已经解除的，人民法院应予支持。抵押人以抵押权设立时财产被查封或者扣押为由主张抵押合同无效的，人民法院不予支持。

以依法被监管的财产抵押的，适用前款规定。

第三十八条　主债权未受全部清偿，担保物权人主张就担保财产的全部行使担保物权的，人民法院应予支持，但是留置权人行使留置权的，应当依照民法典第四百五十条的规定处理。

担保财产被分割或者部分转让，担保物权人主张就分割或者转让后的担保财产行使担保物权的，人民法院应予支持，但是法律或者司法解释另有规定的除外。

第三十九条　主债权被分割或者部分转让，各债权人主张就其享有的债权份额行使担保物权的，人民法院应予支持，但是法律另有规定或者当事人另有约定的除外。

主债务被分割或者部分转移，债务人自己提供物的担保，债权人请求以该担保财产担保全部债务履行的，人民法院应予支持；第三人提供物的担保，主张对未经其书面同意转移的债务不再承担担保责任的，人民法院应予支持。

第四十条　从物产生于抵押权依法设立前，抵押权人主张抵押权的效力及于从物的，人民法院应予支持，但是当事人另有约定的除外。

从物产生于抵押权依法设立后，抵押权人主张抵押权的效力及于从物的，人民法院不予支持，但是在抵押权实现时可以一并处分。

第四十一条　抵押权依法设立后，抵押财产被添附，添附物归第三人所有，抵押权人主张抵押权效力及于补偿金的，人民法院应予支持。

抵押权依法设立后，抵押财产被添附，抵押人对添附物享有所有权，抵押权人主张抵押权的效力及于添附物的，人民法院应予支持，但是添附导致抵押财产价值增加的，抵押权的效力不及于增加的价值部分。

抵押权依法设立后，抵押人与第三人因添附成为添附物的共有人，抵押权人主张抵押权的效力及于抵押人对共有物享有的份额的，人民法院应予支持。

本条所称添附，包括附合、混合与加工。

第四十二条 抵押权依法设立后，抵押财产毁损、灭失或者被征收等，抵押权人请求按照原抵押权的顺位就保险金、赔偿金或者补偿金等优先受偿的，人民法院应予支持。

给付义务人已经向抵押人给付了保险金、赔偿金或者补偿金，抵押权人请求给付义务人向其给付保险金、赔偿金或者补偿金的，人民法院不予支持，但是给付义务人接到抵押权人要求向其给付的通知后仍然向抵押人给付的除外。

抵押权人请求给付义务人向其给付保险金、赔偿金或者补偿金的，人民法院可以通知抵押人作为第三人参加诉讼。

第四十三条 当事人约定禁止或者限制转让抵押财产但是未将约定登记，抵押人违反约定转让抵押财产，抵押权人请求确认转让合同无效的，人民法院不予支持；抵押财产已经交付或者登记，抵押权人请求确认转让不发生物权效力的，人民法院不予支持，但是抵押权人有证据证明受让人知道的除外；抵押权人请求抵押人承担违约责任的，人民法院依法予以支持。

当事人约定禁止或者限制转让抵押财产且已经将约定登记，抵押人违反约定转让抵押财产，抵押权人请求确认转让合同无效的，人民法院不予支持；抵押财产已经交付或者登记，抵押权人主张转让不发生物权效力的，人民法院应予支持，但是因受让人代替债务人清偿债务导致抵押权消灭的除外。

第四十四条 主债权诉讼时效期间届满后，抵押权人主张行使抵押权的，人民法院不予支持；抵押人以主债权诉讼时效期间届满为由，主张不承担担保责任的，人民法院应予支持。主债权诉讼时效期间届满前，债权人仅对债务人提起诉讼，经人民法院判决或者调解后未在民事诉讼法规定的申请执行时效期间内对债务人申请强制执行，其向抵押人主张行使抵押权的，人民法院不予支持。

主债权诉讼时效期间届满后，财产被留置的债务人或者对留置财产享有所有权的第三人请求债权人返还留置财产的，人民法院不予支持；债务人或者第三人请求拍卖、变卖留置财产并以所得价款清偿债务的，人民法院应予支持。

主债权诉讼时效期间届满的法律后果，以登记作为公示方式的权利质权，参照适用第一款的规定；动产质权、以交付权利凭证作为公示方式的权利质权，参照适用第二款的规定。

第四十五条 当事人约定当债务人不履行到期债务或者发生当事人约定的实现担保物权的情形，担保物权人有权将担保财产自行拍卖、变卖并就所得的价款优先受偿的，该约定有效。因担保人的原因导致担保物权人无法自行对担保财产进行拍卖、变卖，担保物权人请求担保人承担因此增加的费用的，人民法院应予支持。

当事人依照民事诉讼法有关“实现担保物权案件”的规定，申请拍卖、变卖担保财产，被申请人以担保合同约定仲裁条款为由主张驳回申请的，人民法院经审查后，应当按照以下情形分别处理：

（一）当事人对担保物权无实质性争议且实现担保物权条件已经成就的，应当裁定准许拍卖、变卖担保财产；

（二）当事人对实现担保物权有部分实质性争议的，可以就无争议的部分裁定准许拍卖、变卖担保财产，并告知可以就有争议的部分申请仲裁；

（三）当事人对实现担保物权有实质性争议的，裁定驳回申请，并告知可以向仲裁机构申请仲裁。

债权人以诉讼方式行使担保物权的，应当以债务人和担保人作为共同被告。

（二）不动产抵押

第四十六条 不动产抵押合同生效后未办理抵押登记手续，债权人请求抵押人办理抵押登记手续的，人民法院应予支持。

抵押财产因不可归责于抵押人自身的原因灭失或者被征收等导致不能办理抵押登记，债权人请求抵押人在约定的担保范围内承担责任的，人民法院不予支持；但是抵押人已经获得保险金、赔偿金或者补偿金等，债权人请求抵押人在其所获金额范围内承担赔偿责任的，人民法院依法予以支持。

因抵押人转让抵押财产或者其他可归责于抵押人自身的原因导致不能办理抵押登记，债权人请求抵押人在约定的担保范围内承担责任的，人民法院依法予以支持，但是不得超过抵押权能够设立时抵押人应当承担的责任范围。

第四十七条 不动产登记簿就抵押财产、被担保的债权范围等所作的记载与抵押合同约定不一致的，人民法院应当根据登记簿的记载确定抵押财产、被担保的债权范围等事项。

第四十八条 当事人申请办理抵押登记手续时，因登记机构的过错致使其不能办理抵押登记，当事人请求登记机构承担赔偿责任的，人民法院依法予以支持。

第四十九条 以违法的建筑物抵押的，抵押合同无效，但是一审法庭辩论终结前已经办理合法手续的除外。抵押合同无效的法律后果，依照本解释第十七条的有关规定处理。

当事人以建设用地使用权依法设立抵押，抵押人以土地上存在违法的建筑物为由主张抵押合同无效的，人民法院不予支持。

第五十条 抵押人以划拨建设用地上的建筑物抵押，当事人以该建设用地使用权不能抵押或者未办理批准手续为由主张抵押合同无效或者不生效的，人民法院不予支持。抵押权依法实现时，拍卖、变卖建筑物所得的价款，应当优先用于补缴建设用地使用权出让金。

当事人以划拨方式取得的建设用地使用权抵押，抵押人以未办理批准手续为由主张抵押合同无效或者不生效的，人民法院不予支持。已经依法办理抵押登记，抵押权人主张行使抵押权的，人民法院应予支持。抵押权依法实现时所得的价款，参照前款有关规定处理。

第五十一条 当事人仅以建设用地使用权抵押，债权人主张抵押权的效力及于土地上已有的建筑物以及正在建造的建筑物已完成部分的，人民法院应予支持。债权人主张抵押权的效力及于正在建造的建筑物的续建部分以及新增建筑物的，人民法院不予支持。

当事人以正在建造的建筑物抵押，抵押权的效力范围限于已办理抵押登记的部分。当事人按照担保合同的约定，主张抵押权的效力及于续建部分、新增建筑物以及规划中尚未建造的建筑物的，人民法院不予支持。

抵押人将建设用地使用权、土地上的建筑物或者正在建造的建筑物分别抵押给不同债权人的，人民法院应当根据抵押登记的时间先后确定清偿顺序。

第五十二条 当事人办理抵押预告登记后，预告登记权利人请求就抵押财产优先受偿，经审查存在尚未办理建筑物所有权首次登记、预告登记的财产与办理建筑物所有权首次登记时的财产不一致、抵押预告登记已经失效等情形，导致不具备办理抵押登记条件的，人民法院不予支持；经审查已经办理建筑物所有权首次登记，且不存在预告登记失效等情形的，人民法院应予支持，并应当认定抵押权自预告登记之日起设立。

当事人办理了抵押预告登记，抵押人破产，经审查抵押财产属于破产财产，预告登记权利人主张就抵押财产优先受偿的，人民法院应当在受理破产申请时抵押财产的价值范围内予以支持，但是在人民法院受理破产申请前一年内，债务人对没有财产担保的债务设立抵押预告登记的除外。

（三）动产与权利担保

第五十三条 当事人在动产和权利担保合同中对担保财产进行概括描述，该描述能够合理识别担保财产的，人民法院应当认定担保成立。

第五十四条 动产抵押合同订立后未办理抵押登记，动产抵押权的效力按照下列情形分别处理：

（一）抵押人转让抵押财产，受让人占有抵押财产后，抵押权人向受让人请求行使抵押权的，人民法院不予支持，但是抵押权人能够举证证明受让人知道或者应当知道已经订立抵押合同的除外；

（二）抵押人将抵押财产出租给他人并移转占有，抵押权人行使抵押权的，租赁关系不受影响，但是抵押权人能够举证证明承租人知道或者应当知道已经订立抵押合同的除外；

（三）抵押人的其他债权人向人民法院申请保全或者执行抵押财产，人民法院已经作出财产保全裁定或者采取执行措施，抵押权人主张对抵押财产优先受偿的，人民法院不予支持；

（四）抵押人破产，抵押权人主张对抵押财产优先受偿的，人民法院不予支持。

第五十五条 债权人、出质人与监管人订立三方协议，出质人以通过一定数量、品种等概括描述能够确定范围的货物为债务的履行提供担保，当事人有证据证明监管人系受债权人的委托监管并实际控制该货物的，人民法院应当认定质权于监管人实际控制货物之日起设立。监管人违反约定向出质人或者其他人放货、因保管不善导致货物毁损灭失，债权人请求监管人承担违约责任的，人民法院依法予以支持。

在前款规定情形下，当事人有证据证明监管人系受出质人委托监管该货物，或者虽然受债权人委托但是未实际履行监管职责，导致货物仍由出质人实际控制的，人民法院应当认定质权未设立。债权人可以基于质押合同的约定请求出质人承担违约责任，但是不得超过质权有效设立时出质人应当承担的责任范围。监管人未履行监管职责，债权人请求监管人承担责任的，人民法院依法予以支持。

第五十六条 买受人在出卖人正常经营活动中通过支付合理对价取得已被设立担保物权的动产，担保物权人请求就该动产优先受偿的，人民法院不予支持，但是有下列情形之一的除外：

（一）购买商品的数量明显超过一般买受人；

（二）购买出卖人的生产设备；

（三）订立买卖合同的目的在于担保出卖人或者第三人履行债务；

（四）买受人与出卖人存在直接或者间接的控制关系；

（五）买受人应当查询抵押登记而未查询的其他情形。

前款所称出卖人正常经营活动，是指出卖人的经营活动属于其营业执照明确记载的经营范围，且出卖人持续销售同类商品。前款所称担保物权人，是指已经办理登记的抵押权人、所有权保留买卖的出卖人、融资租赁合同的出租人。

第五十七条　担保人在设立动产浮动抵押并办理抵押登记后又购入或者以融资租赁方式承租新的动产，下列权利人为担保价款债权或者租金的实现而订立担保合同，并在该动产交付后十日内办理登记，主张其权利优先于在先设立的浮动抵押权的，人民法院应予支持：

（一）在该动产上设立抵押权或者保留所有权的出卖人；

（二）为价款支付提供融资而在该动产上设立抵押权的债权人；

（三）以融资租赁方式出租该动产的出租人。

买受人取得动产但未付清价款或者承租人以融资租赁方式占有租赁物但是未付清全部租金，又以标的物为他人设立担保物权，前款所列权利人为担保价款债权或者租金的实现而订立担保合同，并在该动产交付后十日内办理登记，主张其权利优先于买受人为他人设立的担保物权的，人民法院应予支持。

同一动产上存在多个价款优先权的，人民法院应当按照登记的时间先后确定清偿顺序。

第五十八条　以汇票出质，当事人以背书记载“质押”字样并在汇票上签章，汇票已经交付质权人的，人民法院应当认定质权自汇票交付质权人时设立。

第五十九条 存货人或者仓单持有人在仓单上以背书记载“质押”字样，并经保管人签章，仓单已经交付质权人的，人民法院应当认定质权自仓单交付质权人时设立。没有权利凭证的仓单，依法可以办理出质登记的，仓单质权自办理出质登记时设立。

出质人既以仓单出质，又以仓储物设立担保，按照公示的先后确定清偿顺序；难以确定先后的，按照债权比例清偿。

保管人为同一货物签发多份仓单，出质人在多份仓单上设立多个质权，按照公示的先后确定清偿顺序；难以确定先后的，按照债权比例受偿。

存在第二款、第三款规定的情形，债权人举证证明其损失系由出质人与保管人的共同行为所致，请求出质人与保管人承担连带赔偿责任的，人民法院应予支持。

第六十条 在跟单信用证交易中，开证行与开证申请人之间约定以提单作为担保的，人民法院应当依照民法典关于质权的有关规定处理。

在跟单信用证交易中，开证行依据其与开证申请人之间的约定或者跟单信用证的惯例持有提单，开证申请人未按照约定付款赎单，开证行主张对提单项下货物优先受偿的，人民法院应予支持；开证行主张对提单项下货物享有所有权的，人民法院不予支持。

在跟单信用证交易中，开证行依据其与开证申请人之间的约定或者跟单信用证的惯例，通过转让提单或者提单项下货物取得价款，开证申请人请求返还超出债权部分的，人民法院应予支持。

前三款规定不影响合法持有提单的开证行以提单持有人身份主张运输合同项下的权利。

第六十一条 以现有的应收账款出质，应收账款债务人向质权人确认应收账款的真实性后，又以应收账款不存在或者已经消灭为由主张不承担责任的，人民法院不予支持。

以现有的应收账款出质，应收账款债务人未确认应收账款的真实性，质权人以应收账款债务人为被告，请求就应收账款优先受偿，能够举证证明办理出质登记时应收账款真实存在的，人民法院应予支持；质权人不能举证证明办理出质登记时应收账款真实存在，仅以已经办理出质登记为由，请求就应收账款优先受偿的，人民法院不予支持。

以现有的应收账款出质，应收账款债务人已经向应收账款债权人履行了债务，质权人请求应收账款债务人履行债务的，人民法院不予支持，但是应收账款债务人接到质权人要求向其履行的通知后，仍然向应收账款债权人履行的除外。

以基础设施和公用事业项目收益权、提供服务或者劳务产生的债权以及其他将有的应收账款出质，当事人为应收账款设立特定账户，发生法定或者约定的质权实现事由时，质权人请求就该特定账户内的款项优先受偿的，人民法院应予支持；特定账户内的款项不足以清偿债务或者未设立特定账户，质权人请求折价或者拍卖、变卖项目收益权等将有的应收账款，并以所得的价款优先受偿的，人民法院依法予以支持。

第六十二条 债务人不履行到期债务，债权人因同一法律关系留置合法占有的第三人的动产，并主张就该留置财产优先受偿的，人民法院应予支持。第三人以该留置财产并非债务人的财产为由请求返还的，人民法院不予支持。

企业之间留置的动产与债权并非同一法律关系，债务人以该债权不属于企业持续经营中发生的债权为由请求债权人返还留置财产的，人民法院应予支持。

企业之间留置的动产与债权并非同一法律关系，债权人留置第三人的财产，第三人请求债权人返还留置财产的，人民法院应予支持。

四、关于非典型担保

第六十三条 债权人与担保人订立担保合同，约定以法律、行政法规尚未规定可以担保的财产权利设立担保，当事人主张合同无效的，人民法院不予支持。当事人未在法定的登记机构依法进行登记，主张该担保具有物权效力的，人民法院不予支持。

第六十四条 在所有权保留买卖中，出卖人依法有权取回标的物，但是与买受人协商不成，当事人请求参照民事诉讼法“实现担保物权案件”的有关规定，拍卖、变卖标的物的，人民法院应予准许。

出卖人请求取回标的物，符合民法典第六百四十二条规定的，人民法院应予支持；买受人以抗辩或者反诉的方式主张拍卖、变卖标的物，并在扣除买受人未支付的价款以及必要费用后返还剩余款项的，人民法院应当一并处理。

第六十五条 在融资租赁合同中，承租人未按照约定支付租金，经催告后在合理期限内仍不支付，出租人请求承租人支付全部剩余租金，并以拍卖、变卖租赁物所得的价款受偿的，人民法院应予支持；当事人请求参照民事诉讼法“实现担保物权案件”的有关规定，以拍卖、变卖租赁物所得价款支付租金的，人民法院应予准许。

出租人请求解除融资租赁合同并收回租赁物，承租人以抗辩或者反诉的方式主张返还租赁物价值超过欠付租金以及其他费用的，人民法院应当一并处理。当事人对租赁物的价值有争议的，应当按照下列规则确定租赁物的价值：

（一）融资租赁合同有约定的，按照其约定；

（二）融资租赁合同未约定或者约定不明的，根据约定的租赁物折旧以及合同到期后租赁物的残值来确定；

（三）根据前两项规定的方法仍然难以确定，或者当事人认为根据前两项规定的方法确定的价值严重偏离租赁物实际价值的，根据当事人的申请委托有资质的机构评估。

第六十六条 同一应收账款同时存在保理、应收账款质押和债权转让，当事人主张参照民法典第七百六十八条的规定确定优先顺序的，人民法院应予支持。

在有追索权的保理中，保理人以应收账款债权人或者应收账款债务人为被告提起诉讼，人民法院应予受理；保理人一并起诉应收账款债权人和应收账款债务人的，人民法院可以受理。

应收账款债权人向保理人返还保理融资款本息或者回购应收账款债权后，请求应收账款债务人向其履行应收账款债务的，人民法院应予支持。

第六十七条 在所有权保留买卖、融资租赁等合同中，出卖人、出租人的所有权未经登记不得对抗的“善意第三人”的范围及其效力，参照本解释第五十四条的规定处理。

第六十八条 债务人或者第三人与债权人约定将财产形式上转移至债权人名下，债务人不履行到期债务，债权人有权对财产折价或者以拍卖、变卖该财产所得价款偿还债务的，人民法院应当认定该约定有效。当事人已经完成财产权利变动的公示，债务人不履行到期债务，债权人请求参照民法典关于担保物权的有关规定就该财产优先受偿的，人民法院应予支持。

债务人或者第三人与债权人约定将财产形式上转移至债权人名下，债务人不履行到期债务，财产归债权人所有的，人民法院应当认定该约定无效，但是不影响当事人有关提供担保的意思表示的效力。当事人已经完成财产权利变动的公示，债务人不履行到期债务，债权人请求对该财产享有所有权的，人民法院不予支持；债权人请求参照民法典关于担保物权的规定对财产折价或者以拍卖、变卖该财产所得的价款优先受偿的，人民法院应予支持；债务人履行债务后请求返还财产，或者请求对财产折价或者以拍卖、变卖所得的价款清偿债务的，人民法院应予支持。

债务人与债权人约定将财产转移至债权人名下，在一定期间后再由债务人或者其指定的第三人以交易本金加上溢价款回购，债务人到期不履行回购义务，财产归债权人所有的，人民法院应当参照第二款规定处理。回购对象自始不存在的，人民法院应当依照民法典第一百四十六条第二款的规定，按照其实际构成的法律关系处理。

第六十九条 股东以将其股权转移至债权人名下的方式为债务履行提供担保，公司或者公司的债权人以股东未履行或者未全面履行出资义务、抽逃出资等为由，请求作为名义股东的债权人与股东承担连带责任的，人民法院不予支持。

第七十条 债务人或者第三人为担保债务的履行，设立专门的保证金账户并由债权人实际控制，或者将其资金存入债权人设立的保证金账户，债权人主张就账户内的款项优先受偿的，人民法院应予支持。当事人以保证金账户内的款项浮动为由，主张实际控制该账户的债权人对账户内的款项不享有优先受偿权的，人民法院不予支持。

在银行账户下设立的保证金分户，参照前款规定处理。

当事人约定的保证金并非为担保债务的履行设立，或者不符合前两款规定的情形，债权人主张就保证金优先受偿的，人民法院不予支持，但是不影响当事人依照法律的规定或者按照当事人的约定主张权利。

五、附　则

第七十一条 本解释自 2021 年 1 月 1 日起施行。

图书在版编目（CIP）数据

不动产登记暂行条例注解与配套／中国法制出版社编．—5版．—北京：中国法制出版社，2021.1
（法律注解与配套丛书；45）
ISBN 978－7－5216－1658－3

Ⅰ.①不…　Ⅱ.①中…　Ⅲ.①不动产－产权登记－条例－法律解释－中国　Ⅳ.①D923.25

中国版本图书馆CIP数据核字（2021）第026582号

策划编辑：袁笋冰　　责任编辑：李璞娜　张僚　　封面设计：杨泽江

不动产登记暂行条例注解与配套

BUDONGCHAN DENGJI ZANXING TIAOLI ZHUJIE YU PEITAO

经销/新华书店
印刷/北京海纳百川印刷有限公司
开本/850毫米×1168毫米　32开　　印张/8.75　字数/187千
版次/2021年1月第5版　　2021年1月第1次印刷

中国法制出版社出版
书号ISBN 978－7－5216－1658－3　　定价：24.00元

北京西单横二条2号
邮政编码100031　　传真：010－66031119
网址：http：//www.zgfzs.com　　编辑部电话：010－66075800
市场营销部电话：010－66033393　　邮购部电话：010－66033288

（如有印装质量问题，请与本社编务印务管理部联系调换。电话：010－66032926）